インタビュー　ザ・大関

運と人を味方につける

武田葉月

双葉文庫

目次

朝潮《あさしお》太郎《たろう》

昭和六十年春場所は、僕にとって特別な場所になりました。

二年前の春場所、二十七歳で大関昇進を決めてから、ヒザの負傷があって、初めての休場も経験。なかなか思うような成績が残せなかったんですよ。春場所が開催される大阪は、大学時代を過ごした「第二の故郷」とも言える思い入れの深い土地。

「一丁、やってやろう！」

その気持ちは強かったと思いますね。

本場所の初日って、プレッシャーがかかるものなんですよ。以前、僕は初日の成績が極端に悪かったけれど、三十歳を前にして、ようやくスタートのタイミングが訪れるようになったんです。この場所は、初日から三連勝、ところがその後、鳳凰《ほうおう》、北尾《きたお》（のち横綱・双羽黒《ふたはぐろ》）に連敗……。その時点で僕の頭に「優勝」の文字はなかった。

そこから保志《ほし》（のち横綱・北勝海《ほくとうみ》）、大乃国《おおのくに》（のち横綱）ら、元気のいい若手に勝って、十三日目には横綱・千代《ちよ》の富士《ふじ》関に勝って、二敗で大関・若嶋津《わかしまづ》関に並んでからは、優勝を意識し始めた。じつは僕はこれまで、優勝決定戦で三度負けているんですよ。もちろん、「優勝したい」という気持ちはいつも持っていたけれど、前半戦で取りこぼしが多いものだから、乗っていけない。この時も、前半戦で二敗した時点で、「またダメだなぁ」と思ったけれど、周囲が敗れたことでチャンスが転がり込んできた。このチャンスをつかまなければ男じゃない！

こうして迎えた千秋楽は、二敗同士、若嶋津関との対戦。

「地元、大阪で絶対決めてみせる！」

この強い思いが、きっと相撲に出たんだろうね。立ち合い、頭から当たっていって右上手をスパッと引けた僕は、なかば強引に寄っていって、体を預けて若嶋津関を押し倒し。

「朝潮～～」

朝潮太郎。本名、長岡末弘。昭和30年12月9日、高知県室戸市出身。近大3、4年時、2年連続で学生横綱、アマチュア横綱に輝き、昭和53年春場所、幕下付け出しでデビュー。名古屋場所、新十両昇進。九州場所、新入幕。58年夏場所、大関昇進。60年春場所、初優勝。平成元年春場所、引退。2年、若松部屋を継承し、14年より高砂部屋と合併し、弟子の育成にあたる。優勝1回、殊勲賞10回、敢闘賞3回、技能賞1回、金星5個。183センチ、180キロ。得意は突き、押し。高砂部屋。

【大関までの道のり】

昭和30年	12月	高知県で生まれる
昭和53年	3月	高砂部屋に入門
	7月	新十両昇進
	11月	新入幕
昭和55年	5月	新三役昇進
昭和58年	5月	大関昇進
平成元年	3月	現役引退

府立体育会館に響く歓声の中で勝ち名乗りを受けて、花道を引き揚げる時も、自分が自分じゃないような感覚だったなぁ。

翌日の新聞では「朝潮、涙の初優勝！」と大きく報道していただきました。でも、この「涙」、涙の意味がちょっと違うんですよ。

じつは、優勝を決めて支度部屋に戻った時、高砂部屋の兄弟子で、この場所限りで引退を決めた富士櫻《ふじざくら》関が僕を待ち受けてくださったんです。ガッチリと握手を交わしたんですが、その間中、富士櫻関が上を向いている。「おかしいなぁ？」と思っていると、富士櫻関の目からツーッと涙が流れ出ていた。それを見た僕は、思わず泣けてしまった、というわけなんです（笑）。富士櫻関には、優勝パレードの旗手も務めていただきました。

部屋の偉大な先輩、富士櫻関、高見山《たかみやま》関。過去三度、僕が優勝決定戦に臨んだ時も、お二人はずっと支度部屋で待っていてくださいました。ところが僕は勝てない。「すみません……」と頭を下げていたのですが、「四度目の正直」で優勝を決めることができた。ようやく恩をお返しできたと思いました。間違いなく言えることは、お二人がいたから、大関にもなれたし、優勝もできた。今でも感謝の気持ちでいっぱいですね。

僕が生まれたのは、高知県安芸《あき》郡（現・室戸市）佐喜浜《さきはま》町という港町。父は捕鯨船に乗って、一年のほとんど、世界の海を回っていました。中学から僕は高知市内に越境入学し、当時体重が百キロ近くあったものだから、仕方なく相撲部に入ることになったのです。体が大きいから、ニックネームは「大ちゃん」。お尻を出さなければいけない相撲は、正直、好きじゃなかったですね。県立小津《おづ》高に進んでからも相撲を好きになれず、渋々続けているといった感じで、特に好成績を残したわけじゃなかったんですが、相撲の名門・近畿大学からスカウトされたのです。

本格的に相撲に取り組んだのは、近大相撲部に入ってからということになるでしょうね。午前中は毎日練習。監督、先輩にだいぶしごかれた結果、三年生の時に学生横綱とアマチュア横綱のビッグタイトルを獲ることができたんです。そのあとくらいからですね。僕の周りの雰囲気が変わってきたのは……。それまでの僕の夢は、学校の先生か銀行マン。こう見えて、理数系が得意だったんです（笑）。

教職課程も取っていたんですが、相撲部の練習や試合で教育実習に行くことは許されなかった。つまり、「相撲に集中しろ」ということです。

四年生でも、連続して学生横綱とアマチュア横綱を獲ったことで、複数の相撲部屋からスカウトを受けました。奄美大島出身、五代・高砂《たかさご》親方（元横綱・朝潮）は、近大相撲部（当時）の禱《いのり》監督と同郷。高知の両親のところに出向いてくださった親方は、素朴な人柄そのままに理屈っぽいことは一切言わず、「息子さんをくれ」と……。両親もそうした親方の姿勢に感激したそうです。

ずっと相撲が好きになれず、ましてや力士になろうなどと考えていなかった僕ですが、「何を大切にしなければいけないのか」ということを感じ取っていたんですね。つまり、恩と礼節を守るということです。恩を受けたことを忘れずに、先輩たちには礼を尽くす。そういう流れの中にいる自分の立場を考える。僕らの年代は、みんなそんな考え方をしていたものですよ。今の時代は、だいぶ違うようですが（笑）。

昭和五十三年春場所、幕下付け出しでデビューしたのも、大阪の地です。当時、学生相撲出身力士は少なかったし、注目されての初土俵で全勝優勝。翌夏場所も六勝一敗と勝ち越して、新十両に昇進。優勝決定戦では敗れてしまいましたが、十一月の九州場所で新入幕を決めます。

五十四年初場所は十勝五敗で敢闘賞を受賞したことで、翌春場所は前頭筆頭にジャンプアップ。四股名を本名の長岡《ながおか》から、「朝汐《あさしお》」に改めたのも、この時です。

前頭筆頭という地位は、横綱、大関の上位陣と連日対戦が組まれる地位でもあるわけで、二十三歳の僕はワクワクしていたものです。当時は、輪島《わじま》関、北の湖《きたのうみ》関の「輪《りん》湖《こ》時代」。大関には、貴《たか》ノ花《はな》関、三重《みえ》ノ海《うみ》関、旭國《あさひくに》関が陣取っている。

当時、圧倒的な強さを誇っていたのが北の湖関。五十三年は初場所から五連覇して、「憎たらしいほど強い」と言われていた北の湖関。「角界で一番強い人と対戦してみたい」と力士なら誰もがそう思うんじゃないかな？

「最強の力士」との対戦は十一日目に組まれました。もちろん、幕内三場所目の僕が勝たせてもらえるような相手じゃなかった……。完敗でした。

この場所は五勝十敗で、入門以来初めての負け越しとなってしまったのですが、最強の横綱との対戦で、自分の甘さを知りました。

次は絶対に勝ってみせる！

そう強く心に誓ったのです。

続く夏場所、名古屋場所も負け越し。先輩幕内力士たちの底力をイヤというほど味わいます。こうして幕内の土俵で揉まれる中で、僕が再び番付を前頭上位まで上げたのは、五十五年春場所のことでした。

この場所、初日から大関・貴ノ花関、三日目、横綱・輪島関、五日目、若乃花《わかのはな》関との対戦が組まれた僕は五日目を終えて二勝三敗と黒星が先行。けれども、自分の相撲を取り戻した六日目からは五連勝とし、迎えた十一日目はここまで十連勝の北の湖関との対戦が組まれました。

作戦？　作戦なんてありませんよ（笑）。

僕の相撲は立ち合いから、思い切り当たって出る相撲。それしかないんです。この時は立ち合いから突っ張っていって、流れの中で右から叩《はた》いて、引き落としが決まった。気がついたら、北の湖関が土俵に手をついていたのです。

全勝の横綱から金星を挙げたことで、館内は大騒ぎです。大阪は僕の第二の故郷と言える土地ですからね。今だから言えるんですが、「相手が北の湖関だから燃えた」というわけじゃないんですよ。もちろん「一番強い男を倒したい」という気持ちはあるんですが、大相撲の世界はみんながライバル。特定の一人にだけターゲットを絞っていては、上に行けない。ドライな考え方かもしれないけど、当時から僕はそんなふうに思っていました。

この場所は北の湖関が十八回目の優勝。僕は十勝を挙げて、初の殊勲賞をいただきました。そして、翌夏場所も北の湖関、若乃花関から白星を、続く名古屋場所でも関脇の地位で輪島関に勝ったことから、三場所連続で殊勲賞を受賞。翌秋場所は、初めて大関に挑戦する場所となったのです。

でも、ここからが長かった……。

大関に昇進するためには、直前の三場所の成績が三十三勝以上という規定がある。翌五十六年夏場所、小結の僕が北の湖関を破った時は、テレビ中継の瞬間視聴率が跳ね上がったらしい（夏場所の最高記録）のですが、その場所九勝、翌名古屋場所で十一勝として臨んだ秋場所は負け越して、大関獲りは消滅。ところが、翌九州場所で十二勝し、優勝決定戦に進んで（結果は千代の富士の優勝）、再びランプが点灯。さらに、五十七年夏場所では小結で十三勝を挙げて、再び優勝決定戦に挑んだのですが、またしても千代の富士に敗れて、準優勝。翌名古屋場所で五回目の大関挑戦となるのですが、八勝止まりで、翌秋場所は負け越し……。

いったい、いつになったら朝汐（当時）は大関になるんだ？

と言う声が僕の耳に届かないわけはありません。師匠（高砂親方）も何度も大関獲りを逃している僕に対して、相当しびれを切らしていたのだと思います。

僕が「朝汐」から、「朝潮」に改名したのは、九州場所前のことでした。「朝汐」も高砂部屋伝統の四股名ですが、横綱だった師匠が名乗っていた「朝潮」の名を継ぐことの意味は、大きくて深いものです。四代・朝潮となって、僕の気持ちは大きく変わりました。

「大関になれればいい」から、「大関になりたい」と、目標が明確に定まったのです。

「朝汐、またダメだったか……」と言われ続けるのも、正直つらかったですしね。

関脇で迎えた五十八年初場所は、朝潮として存在感を見せられた場所になりました。四日目北の湖関、五日目若乃花関に勝って波に乗った僕は、中日に琴風に敗れたものの、十一日目、千代の富士にも勝って、三横綱を撃破。千秋楽は、琴風との一敗同士の優勝決定戦となったのですが、僕はまた優勝に手が届きませんでした。けれども、三横綱と琴風以外の大関に勝ったことは自信になりましたね。

この好成績を受けて、続く春場所は六回目の大関獲りにチャレンジとなりました。二十七歳。いつまでも若いわけじゃないし、チャンスは何度でも巡ってくるものじゃない。男・朝潮、一世一代の勝負です。

この時も僕の後押しをしてくれたのは、浪速のファンのみなさんです。大阪でおこなわれる春場所は一年に一回。それだけにファンは大相撲をとても楽しみにしてくれているし、いいことだけじゃなく、ちょっと言いづらいこともズバッと口に出す。そういうところも、僕には合っているのでしょう。十二勝を挙げて、春場所後に念願の大関昇進が決まりました。

大相撲の看板はやっぱり、横綱、大関なんですね。大関に昇進してから、なかなか優勝に手が届かなくて、ようやく初優勝したのは六十年春場所、二十九歳の時です。

同じ部屋の兄弟子、高見山関、富士櫻関はすべての力士の手本のような方で、僕の相撲人生の目標でした。三十代後半まで現役を務めたお二人も引退し、伝統ある高砂部屋を僕が支えていくという責任感、また大関として、恥ずかしくない成績を挙げなければいけないというプレッシャーは常にありました。

部屋の後輩で、ハワイ出身の小錦《こにしき》はパワー相撲が炸裂し、六十二年名古屋場所で大関に昇進。また、年齢は七歳違いながら、同期生の水戸泉《みといずみ》（現・錦戸《にしきど》親方）も力をつけてきている。稽古場で毎日彼らと相撲を取っていると、自分の馬力がなくなってきていることがよくわかるんですよ。

本場所の取組で「あれっ？」と思ったのは、平成元年初場所。若手で軽量の寺尾《てらお》（現・錣山《しころやま》親方）と相撲を取って、一気に持っていけなかった時です。そして、翌春場所四日目の寺尾戦では、一方的に敗れてしまった。

引退だな……。

そう思いましたね。大関から落ちてまで相撲を取るつもりはなかったし、さっぱりと辞めたいというのが僕の美学でしたから……。ジャイアンツの長嶋茂雄さんの引退が理想だったんです。

悔いはなかったですよ。でも、「頂点に立ちたかった」という思いは、今も心のどこかにあります。大関という存在は、どこまで行っても大関であって、横綱じゃない。

引退後、さまざまな経緯で、僕は高砂部屋の師匠となり、朝青龍《あさしょうりゅう》という横綱を育てました。でも彼は勝手に強くなったタイプ（笑）。もう一度、ちゃんと横綱を育てたいというのが、今の夢ですね。


「小説推理」平成三十年（二〇一八）七、八月号掲載

旭國斗雄《あさひくにますお》

百七十四センチ、百二十一キロ。

現役時代、私がもっとも体が大きくなった時の数字です。

今の幕内力士で言えば、百七十三センチ、百十六キロの石浦《いしうら》が当時の私に近いかな？　幕内には二百キロを超える魁聖《かいせい》なんかもいて、平均体重は百六十キロくらいと言われていますから、この体格で石浦はよくがんばっていると思いますよ。もっとも、大関を張っていた頃の私は、百十四キロ程度しかなかったから、どれだけ小柄だったかわかるのではないでしょうか？

力士としては最後まで小兵だった私ですが、中学の頃は野球部の選手で、クラスで

も身長が高いほうだったの。中学三年生の時、相撲部員が足りないということで、急遽私が中体連の個人戦に出たら、優勝しちゃったんです。そうしたら、立浪《たつなみ》部屋の大島《おおしま》親方（元幕内・若乃森《わかのもり》）から「力士にならないか？」とスカウトを受けたんですよ。同じ中学の二人も一緒に入門することになって、東京の立浪部屋に行ったのが、中学三年の二学期、九月のことでした。

玄関を入ったら、当時世話人をされていた百九十三センチの能登《のと》ノ山《やま》さん（元十両）という方が出迎えてくれたんです。でも、あまりにも背が高すぎて、首から上が見えない（笑）。田舎じゃそんなに大きな人を見たことないですからね。ビックリした私は、思わず部屋から逃げ出してしまったほどでした。

十一月の九州場所前に新弟子検査を受けたんですが、北海道から来た三人のうち私

旭國斗雄。本名、太田武雄。昭和22年4月25日、北海道上川郡愛別町出身。38年7月場所、初土俵。44年春場所、新十両昇進。名古屋場所、新入幕。51年夏場所、大関昇進。食いついたら離れない相撲から、ニックネームは「ピラニア」。54年秋場所に引退し大島部屋を創設。横綱・旭富士、関脇・旭天鵬、小結・旭道山、旭鷲山らを育てた。敢闘賞1回、技能賞6回、金星2個。174センチ、121キロ。得意は右四つ寄り、下手投げ、とったり。立浪部屋。平成24年4月、日本相撲協会を定年退職。

【大関までの道のり】

昭和22年	4月	北海道で生まれる
37年	9月	上京
38年	7月	新弟子検査合格
44年	3月	新十両昇進
	7月	新入幕
47年	11月	新三役（関脇）昇進
51年	5月	大関昇進
54年	9月	現役引退

だけが不合格。その後、翌年の初場所、春場所、夏場所と、四場所続けて検査に落とされました。その頃の検査基準は、身長が百七十三センチ以上で、体重が七十五キロ以上。上京当時はどっちも基準に満たなかったけれど、部屋での生活を続けるうちに、少しずつ体重は増えてきて七十キロ台になったんです。問題は身長でした。いくらがんばっても、百七十一センチから伸びない。そこで私は、受験人数が少ない名古屋場所前の新弟子検査に賭けることにしたんです。人間の身長というものは、一日のうちで伸び縮みして、寝て起きた時が一番背が高い。だから検査の前の日は一日中寝っぱなしで、身長が縮まないようにしたの（笑）。検査の時は、ちょっとかかとを上げたりしてね。

「百七十三センチ、合格！」

検査の担当が師匠の立浪親方（元横綱・羽黒山《はぐろやま》）だったことも運がよかった。この声を聞いた時、天にも昇る気持ちだったなぁ……。お相撲さんになって、「どんな時が一番うれしかったか？」と聞かれれば、そりゃあ、新十両や大関になった時もうれしかったけれど、この時が一番だったかもしれないですね。

やっとお相撲さんになれた——。

相撲部屋にいるのに、力士じゃない。その生活から一歩踏み出せたのだから、がんばるしかない！　四股名は、地元の山、旭山から取って旭國。じつは、以前にも北海道出身の方で、旭國という力士がいたのだそうです。ですから、私は二代目ということになります。

当時の立浪部屋には六十人近くの力士がいたと記憶しています。人数が多いから、当然稽古土俵は取り合いです。朝三時半に起きて、四時には土俵に下りる。相撲部屋では、稽古が終わると土俵を清めて、真ん中に土俵の砂で小さな山を作ります。翌朝、その山を崩して、一番土俵に上がる。私は燃えていました。そんな毎日が「つらい」とは感じなかったですね。

不合格が続いていた間も、部屋で稽古をしていたので、序ノ口、序二段を一場所で通過して、一年後、十七歳の時に、番付は幕下まで上がりました。ところが、ここからが長かった……。幕下ともなると体の大きい力士がたくさんいる。そんな中、私は太ることができず、体重は八十キロ台から増えないのです。四十二年春場所、幕下で全勝優勝して、番付を十一枚目までポーンと上げたのですが、そこからも低迷。この場所の三番相撲で対戦したのが、花田《はなだ》（のちの大関・貴ノ花）でした。お兄さんは「栃若時代」を築いた横綱・若乃花の二子山親方（当時）。大きな注目を浴びて入門して、その期待に応えて番付を上げてきた花田には負けたくない気持ちが強かったですね。結果的にこの時は私が勝ったのですが、その後ライバルとして、また良き友として、長い付き合いになるとは思いもよりませんでした。

ようやく十両に昇進したのは、四十四年春場所のこと。奇しくも同期生の三重ノ海（のち横綱）も一緒です。十両は二場所で通過して、名古屋場所、二十二歳で新入幕を果たしました。この時でようやく体重は百キロを超えたくらいだったかな？　後から考えれば、この頃、体を大きくするために無理して食べたり、付き合いでお酒を飲んだりしたことが、体に負担をかけてしまったのかもしれません。

四十五年春場所、胆のう炎の診断を受けた私は途中休場。その年の九州場所では、膵臓炎《すいぞうえん》で全休。体に力が入らない。そんな状態ですから、番付は十両に下がってしまいました。なんとか幕内に復帰して四枚目まで番付を上げた四十七年初場所は、初日、不戦敗のあと休場――。病に取り付かれてしまった私は、また十両に落ち、幕内に返り咲いては休場という土俵生活を送っていたのです。

一進一退の成績が続いていた私でしたが、稽古量だけは誰にも負けたくないという信念がありました。ライバル視していた貴ノ花は、四十七年九州場所で大関に昇進。彼は中学時代、水泳の選手で、足腰のよさは抜群でしたが、貴ノ花とは別の意味でしぶとい足腰を持っていたのが、増位山《ますいやま》さんです。増位山さんも高校まで水泳をやっていて、おまけに体がすごく柔らかい。ブリッジなんかもすごくて、転ばないから、みんな増位山さんと稽古をするのを嫌がっているほどでした。お父さんは元大関・増位山の三保《みほ》ヶ関《せき》親方（当時）。二世力士で歌も上手くて、振る舞いもクールな印象がありますが、実際は努力の人でした。

「努力家」という意味では、同期生の三重ノ海も同じです。決して目立つ存在ではないのですが、コツコツと稽古を重ねて、大関に昇進。彼の存在もおおいに励みになったものです。

少しずつ調子が上向いてきたのは、四十九年春場所のこと。前頭九枚目で十一勝を挙げて、二度目の技能賞をいただいて、名古屋場所では横綱大関陣と対戦する前頭筆頭の地位まで番付を上げました。

初日は横綱・北《きた》の富士《ふじ》関との対戦。北海道の先輩でもある北の富士関は、すでに優勝十回の大横綱。巡業地では稽古を付けてくださったり、いつもかわいがってくれた方です。いわば憧れの存在でもある北の富士関に、これまで私は一度も勝たせてもらうことはなかった。休場が続いていて、再起の土俵に上がった横綱に対して、私は思い切っていくだけです。

結果は切り返しで、私の勝利。北の富士関から挙げた初めての白星が、まさか、横綱を引退に追い込むことになるとは……。初日、二日目と連敗した北の富士関は現役引退を発表。年寄・井筒《いづつ》を襲名したのでした。

こうして、翌秋場所は三役（小結）に復帰。旭國という力士も少しは世間に知られるようになったかな？　と気持ちは上向きだったのですが、そんな私を襲ったのが膵臓炎でした。

十両時代から苦しめられていた膵臓炎。小結で迎えた五十年春場所、場所前から入院していた私は、出場するつもりでいました。けれども、ドクターストップで初日から休場。本場所で相撲を取れないなら、せめて稽古だけでもしなければ――。五本の点滴を終えた後、私は病院を抜け出して、部屋で稽古をしていたのです。こうした無茶な私の行動はドクターに知られることになり、

「そんな体で相撲を取ったら、死にますよ！」

と警告を受けたのですが、私はどうしても土俵に上がりたかった。

たしかに無茶なことをしているかもしれない。だけど、土俵で死ねたら本望――。それくらいの気持ちだったのです。そして、十日目から強行出場し、四勝を挙げました。今だったら、完全に体を治してから出場するという力士が多いんでしょうけど、先に大関に昇進していた貴ノ花や三重ノ海らのライバルたちに負けたくなかった。

二十八歳になっていました。いつまでも若いわけじゃない。大関になりたい。そのためには今、がんばるしかないという気持ちでしたね。

その前の年、四十九年に、私の地元・旭川で大相撲夏巡業がおこなわれたんです。地方巡業は、他の部屋の力士たちと稽古ができるチャンスですから、私は毎朝五時起きで稽古をしていました。六十人近くの関取衆が参加する巡業ですが、本土俵は一つだけ。だから、山稽古と言って、会場の横にあるグラウンドとか、土があるところを見つけて、そこを土俵に見立てて稽古をするんです。旭川巡業の日も、私は外で山稽古をして、泥だらけになった背中を水で洗い流しているのを、巡業に来ていたオフクロが見ていたんですよ。

「タケちゃん(本名、武雄)、いつでも帰ってきていいよ」

と、後で涙ながらに言われたんです。

あぁ、オフクロにつらいところを見せちゃったなぁ。もっと強くなりたい! 目標を「大関昇進」に定めたのは、この時でした。

膵臓炎も癒えた五十年夏場所から、私は三場所連続で技能賞を獲得。五十一年初場所は、関脇で十二勝。翌場所は大関獲りの場所となりました。

二日目、相性の悪い横綱・輪島関には負けてしまったけれど、十三日目、横綱・北の湖関を撃破。千秋楽は貴ノ花に勝って十三勝二敗。同じく十三勝の輪島関と優勝決定戦で戦うことになったのです。この場所は、私の他にも、鷲羽山《わしゆうやま》、北瀬海《きたせうみ》の小兵力士が活躍して、「チビッコ旋風」が吹き荒れた場所でもありました。

輪島関は私に対して、自信を持っていたんだと思います。立ち合い、差し手争いの後、輪島関に叩かれた私は、バッタリと手を突いてしまった……。

優勝こそ逃したものの、私は場所後、大関に昇進。二十八歳十一ヶ月での大関昇進は、(年六場所制が定着以来)最年長での昇進(当時)でした。

「謹んでお受けします。大関の名を汚さないよう精進します」

シンプルな口上に、私の相撲への思いを込めたつもりです。

念願の大関に昇進したものの、百七十四センチ、百二十一キロの体では、正直、大関の座を守ることで精一杯でしたね。

大関に上がる直前(五十一年春場所)で優勝を逃した私に、再び優勝のチャンスが巡ってきたのは、五十二年秋場所のことです。十四日目に北の湖関に敗れるまで、十三連勝。十四勝一敗の好成績だったのに、優勝は全勝の北の湖関の手に――。つくづく優勝には縁がなかったなぁ(笑)。

五十三年春場所では、元大関の魁傑《かいけつ》と三度の水入り、合計十分十九秒の相撲を取りました。この場所、ケガで入院生活を送っていた私に、よくこんな長い時間相撲を取れる体力が残っていたものですよ。体力というより、むしろ気力で取っていたんでしょうね（笑）。

五十四年秋場所七日目は、この場所、三十一歳にして横綱に昇進した三重ノ海との対戦でした。新横綱の彼は、苦しい土俵が続いています。この相撲で三重ノ海から腕をキメられた私は、二の腕が使えない怪我を負ってしまいました。

大変な状況に陥ったことは、私が一番理解していました。相撲を取り終えたその足で、病院に駆け込み、翌朝も別の病院で診察を受けました。けれども、腕の回復の見通しは立たなかった。

「稽古ができないのであれば、大関は維持できない。散り際は大事だし、相手が三重ノ海なら、悔いはない」

念願だった大関に昇進し、優勝こそ叶わなかったけれど、大関の地位から落ちることなく大関を張り続けた。大関とは、周りの人の見る目が違う地位。こうして私は土俵を去る決意をしたのです。

現役引退の翌年、私は立浪部屋から分家独立して、大島部屋を創設しました。大島部屋からは、横綱・旭富士《あさひふじ》（現・伊勢《いせ》ケ濱《はま》親方）、関脇・旭天鵬《きよくてんほう》（友綱《ともづな》親方、現・

大島親方)、小結・旭道山《きょくどうざん》、旭鷲山《きょくしゅうざん》、旭豊《あさひゆたか》(現・立浪親方)らが関取になってくれました。育てた十人の関取は、全員が幕内力士になり、うち五人が三役以上を張ったんですよ。

今(平成三十年)は、横綱・白鵬《はくほう》、鶴竜《かくりゅう》を筆頭にモンゴル人力士が隆盛を誇っていますが、平成四年、旭鷲山、旭天鵬らのモンゴル人力士を初めて大相撲に入門させたのは、私なんですよ。最初の頃は、モンゴルに逃げ帰った旭天鵬を説得して連れ戻したりと苦労しました。二十四年、私が定年退職した翌場所(夏場所)、友綱部屋に移籍した旭天鵬が平幕優勝。優勝パレードのオープンカーの助手席に乗せてもらいました。部屋の師匠は、優勝力士を部屋で迎える立場なので、オープンカーには乗れません。こんなにうれしいことはなかったですね。私は幸せな男だと思っています。

「小説推理」平成三十年(二〇一八)十、十一月号掲載

魁皇博之《かいおうひろゆき》

僕が入門した昭和六十三年春場所は、「特別」な人たちが入門した場所でした。名大関・貴ノ花関の息子の若花田《わかはなだ》(のち横綱・若乃花)、貴花田《たかはなだ》(のち横綱・貴乃《たかの》

花《はな》）に大海《たいかい》（のち横綱・曙）など、強者がゴロゴロ。新弟子検査の時から、若貴、曙は大注目を浴びて、メディアの取材もオーバーヒート。新弟子検査のちょっと前まで、福岡の普通の中学生だった僕は、そんな光景を眺めながら、「すごいなぁ……」と思う反面、「エライところに来ちゃったなぁ」と、相撲界に入ったことを後悔したものです。

というのも、僕は中学時代、柔道部に所属していて、町内で行われた相撲大会にちょっと出たことはあったけれど、相撲に興味がある少年というわけじゃなかったからです。

知っている力士は、千代の富士関くらい（笑）。九州場所の時は、力士が福岡に宿舎を構えるので、千代の富士関が所属する九重《ここのえ》部屋に稽古を見学に行くという話になって、それなりに楽しみにしていた。ところが、直前になって、友綱部屋の関係者が間に入って、中学を卒業したら友綱部屋に入

魁皇博之。本名、古賀博之。昭和47年7月24日、福岡県直方市出身。63年春場所、初土俵。同期生には、曙、貴乃花、若乃花（いずれも横綱）がいる。平成4年初場所、新十両昇進。5年夏場所、新入幕。12年夏場所、初優勝。13年秋場所、大関昇進。16年秋場所、5回目の幕内優勝。通算1047勝を挙げ、23年名古屋場所、引退。浅香山部屋を興し、弟子の育成にあたっている。優勝5回、殊勲賞10回、敢闘賞5回。金星6個。185センチ、175キロ。得意は左四つ、寄り、上手投げ、小手投げ。友綱部屋。

【大関までの道のり】

昭和47年	7月	福岡県で生まれる
昭和63年	3月	友綱部屋に入門
平成4年	1月	新十両昇進
平成5年	5月	新入幕
平成13年	9月	大関昇進
平成23年	7月	現役引退

門するという話がまとまっていたのです。

いわゆる「大人の事情」ってやつですね（笑）。お尻を出してまわしを付けることに抵抗があったし、僕にとって相撲界は未知の世界。中学三年の三学期、二月までは地元・直方《のおがた》でのほほんとした生活を送っていた僕の生活は、友綱部屋に入ったことで一変してしまったわけです。

本名の古賀《こが》で初土俵を踏んで、初めて番付に載った六十三年夏場所は三勝四敗の負け越し。三番相撲で若花田、四番相撲で西崎（のち幕内・和歌乃山《わかのやま》）に思い切り負けた。相撲に勝てないし、慣れない部屋での生活にも、嫌気が差しちゃったんですね。入門して半年くらいの頃、部屋から逃げ出したこともありました。すぐに連れ戻されましたけど……。

その後も、勝ち越したり、負け越したりで、入門二年目、十七歳の時には三段目に定着しましたが、その年の九州場所で衝撃的な出来事が起こったのです。

同期生で同じ年齢の貴花田が、十七歳二カ月で新十両に昇進。さらに、翌年夏場所十七歳八カ月で新入幕を決めたのです。

スゴイ！　信じられない！

自他共に認める「のんびり屋」の僕も、この時初めて、「負けていられない！」という気持ちが芽生えたんです。貴花田を追いかけるように、曙、若花田も平成二年春場所で新十両、秋場所に新入幕を果たします。これほどのスピード昇進って、本当に珍しいことなんですよ。どれだけ彼ら三人がすごかったかってことなんですが、「花のロクサン組（六十三年春場所初土俵）」って呼ばれて、僕もその一角に食い込みたいという気持ちで、稽古に励んだものです。

三年名古屋場所で幕下優勝をしてからですね。新十両昇進、「関取」というものが具体的に見えてきたのは……。三人には後れを取ってしまったけれど、四年初場所、十九歳で僕も新十両昇進を決めました。それを機に、古賀から「魁皇」と四股名を改めました。師匠（友綱親方＝元関脇・魁輝《かいき》）の「頂点を極めてほしい」という思いの込もったこの四股名、今でも気に入っています。

十両の土俵で八場所を過ごした僕は、五年夏場所で新入幕を果たします。でも、すぐに幕内に定着することはできなくて、その年の九州場所で再入幕してからは、幕内での土俵が続きました。六年春場所は、初日から大関・若ノ花との対戦です。それから六年序ノ口の土俵で若花田と対戦して負けたのが、昭和六十三年夏場所。それが二回目が経っていました。彼の出世が早くて、対戦することがなかったため、これが二回目の対戦です。この相撲に勝った僕は勢いに乗ります。八日目は、すでに横綱になっていた曙との対戦。僕は初の横綱戦で、金星を挙げることができたのです。この場所、貴ノ花（当時大関）には敗れてしまったけれど、初めての殊勲賞を受賞することができたんです。

新横綱・貴乃花を浴びせ倒しで破ったことが評価されて、二回目の殊勲賞をいただいた七年初場所は、忘れられない場所ですね。それまで、貴乃花とは六回対戦して、一度も勝てなかったんです。しかも、この時、貴乃花は一敗（六勝一敗）で、僕は二勝五敗で黒星が先行していた。にもかかわらず、勝てたということで、ちょっと自信が付いたように思いましたね。

関脇の地位には、それから連続十三場所在位することになります。八年九州場所では、優勝争いが混迷して、十一勝四敗で横綱・曙、大関・若乃花、大関・武蔵丸《むさしまる》、大関・貴《たか》ノ浪《なみ》、僕の五人による優勝決定戦になりました。優勝は武蔵丸のもとに輝きましたが、久しぶりに平幕に落ちた九年春場所でも、僕は優勝決定戦（四人出場）に出ているんですよ。今や、幕内で四人とか五人の決定戦は滅多にありませんが、当時は実力が拮抗する力士がひしめいていたということなんでしょう。僕は一歩も二歩も及ばなかったけれど……。

それでも二度の優勝決定戦出場の経験は、僕の中で「幕内最高優勝」と「大関昇進」を意識する出来事となりました。関脇を長く務めている間、大関獲りがかかる場所は何度かありました。ふがいないのですが、僕はそのチャンスをことごとく逃してきた。

そうしているうちに、後輩の千代大海《ちよたいかい》、学生相撲出身の出島《でじま》、武双山《むそうやま》といった力士が、次々に大関の座に駆け上っていった。もちろん、「悔しい」気持ちはありましたよ。でも、焦っても仕方ない。

「いつかは見てろよ！」

僕はあまり感情が表に出ないタイプで、見ている人たちには、闘争心が感じられなかったかもしれないけど、静かに燃えていたんですよ（笑）。

ところが、十二年春場所前、二月のトーナメント大会でヒザを負傷。それでも春場所は、小結の地位で八勝と勝ち越したんですが、場所後の春巡業は全休。

体の管理ができない自分が情けなかったですね。一時はまわしを付けることもできなくて、プールで足腰を鍛えたり、大阪宿舎の近所のジムに通って、筋トレをしたりしていたんですが、「魁皇もこれまでか——」なんて声も聞こえてきたりして……。

二十七歳、小結で迎えた夏場所は、初日から体が動いていました。初日、大関・出《で》島《じま》、二日目、大関・千代大海を撃破し、五日目、曙に黒星を喫しましたが、六日目は貴乃花に勝って、勢いに乗ってきました。貴乃花戦からさらに勝ち続けた僕は、この場所、十四勝一敗で初優勝を遂げます。次の名古屋場所で、七度目の「大関挑戦」がかかることになりました。

ところがこの大事な場所、僕は序盤からなかなか勝ち星をつかめず、十日目を終えた時点で六勝四敗。大関の昇進基準は、直前の三場所で三十三勝以上ですから、春場所八勝、夏場所十四勝だった僕の名古屋場所でのノルマは、最低十一勝。つまり、十一日目以降は一敗も許されない状況となっていました。

「魁皇、大関取りピンチ!」

名古屋場所の宿舎には毎朝大勢の記者さんがやって来て、やいのやいのと言われる。ありがたいことに、周囲の人からも熱い激励を受ける。過去六回もそんな感じだったので、じつは自分の中では「慣れっこ」になっていた部分もありました(笑)。四敗目を喫した時も、深く考え込まないで、「次の場所につなげればいいじゃないか」と、黒星を引きずらないようにしていたんです。

逆にそれがよかったのかな? 取り口についても、ワンパターンだとかいろいろ言われましたけど、「立ち合い踏み込んで、左からかちあげて上手を取る」という流れを、あえて崩さなかった。

キッカケになったのは、その年の初場所千秋楽、関脇・武双山との対戦です。立ち合い、相手のペースに乗って、立ち遅れた上に変化して、負けてしまった。自分がやったこととは言え、ショックでしたね。じゃあ、どうしたらいいのか？　考えた末の結論は、相手に合わせるのではなく、相手が自分に合わせるように持っていけばいい、ということでした。

この場所は、武双山が絶好調で千秋楽まで十二勝二敗。七勝七敗の僕との対戦で武双山が勝てば、初優勝という大一番でした。アマ横綱のタイトルを引っ提げて、大学を中退して角界入りした武双山は、僕と同じ昭和四十七年生まれ（学年は武双山が一つ上）。十五歳で入門した僕が三役（関脇・小結）でウロウロしているうちに、彼は番付を上げて、大関取りをうかがっている。僕は先輩力士として、初優勝がかかる一番を阻止しなければならない立場だったんですが……。そういう意味でもショックが大きかったし、後で振り返っても忘れることのできない一番になったのです。

名古屋場所は十一日目から、関脇・栃東《とちあずま》、大関・雅山《みやびやま》、横綱・武蔵丸らを下して、十一勝四敗。場所後に、大関昇進が決まりました。

「謹んでお受けいたします。大関の地位を汚さぬよう、稽古に精進いたします」

すごくシンプルな口上でしょう？　師匠（友綱親方）と相談して、この口上にしたのですが、後で師匠に聞いたところ、「次（横綱昇進）の時は、ファンの人を驚かせるようなものにしたいから、今回はあえてシンプルに」ということだったみたいで……（笑）。伝達式では緊張し過ぎて、僕はそれどころじゃなかったですけどね。

僕が大関に昇進したことで、八月の夏巡業中は、千代大海、雅山、出島、武双山（秋場所は関脇に陥落決定）の五大関が揃いました。このうち三人が武蔵川《むさしがわ》部屋で、同じ部屋には横綱・武蔵丸もいる。

若貴兄弟、大関・貴ノ浪らがいた二子山《ふたごやま》部屋に追いつけ、追い越せで力を付けてきた武蔵川部屋が全盛の時代です。新大関の僕が一番兄弟子（土俵歴が長い）という事実は置いておくとして、好敵手、ライバルという存在は、その時代と共に変わっていくものなのでしょう。

大関昇進後は、翌十三年春場所、名古屋場所で優勝、十四年は上腕二頭筋の負傷もあって休場し、カド番も経験したのですが、なんとか乗り越えることができました。十五年名古屋場所では四回目の優勝を果たしました。思い返してみれば、五回目の優勝を飾った（十三勝二敗）十六年は、一年を通して二ケタ勝利を挙げることができて、充実していましたね。秋場所では十三勝で優勝し、「綱取り」の声が一気に盛り上がってきたのです。

この時、横綱は十五年春場所に昇進した朝青龍一人だけでした。入門からわずか四年余りで横綱に駆け上がった若き横綱・朝青龍は無類の強さを見せて、優勝回数を重ねています。日本人横綱の誕生を望む、ファンの人たちの気持ちは理解できます。期待に応えたい一心で臨んだ十七年初場所、僕は肩の負傷で途中休場。「綱取り」は白紙に戻ってしまいました。

すでに、三十二歳になっていました。持病の腰痛が悪化してきたこの年から、僕は途中休場が増えていきます。休場＝負けですから、翌場所はカド番に追い込まれる。大関の地位を守ることに必死でしたね。「大関から落ちたら、引退」と自分の中では決めていましたから……。

十九年には、二十二歳の白鵬が横綱に昇進。翌年には琴欧洲《ことおうしゅう》が大関に昇進し、琴《こと》光喜《みつき》、千代大海、僕の四大関となりました。

この年の八月におこなわれた「大相撲モンゴル巡業」で、僕は地元・モンゴルの人たちから思わぬ歓迎を受けます。土俵に上がると、

「カイオー！　カイオー！」

と、ものすごい声援。大横綱となった朝青龍、若く勢いのある横綱・白鵬に劣らないほど応援していただいたのですが、当の本人にしてみれば「エッ？　なんで？」っ

ていう感じ（笑）。モンゴルはブフという相撲が盛んな国ですが、「力強い男」が人々の憧れの対象なのだとか。たしかに若い頃の僕は握力が百キロ以上あって、「怪力」と呼ばれていましたけど、この時はもう三十五歳のオジさんです（笑）。ともあれ、貴重なモンゴルでの体験でした。

「大関であり続けること」と共に、こだわっていたのが、通算勝ち星数です。もともとは記録にこだわるタイプじゃなかったのですが、長く相撲を取り続けていると、記録というものが付いてくる。記者さんから「こういう記録があるよ」と聞くと、「じゃあ、狙ってみるか」という感じかな。

二十二年春場所、幕内在位が百場所を超えて、翌夏場所千秋楽では、通算千勝を達成しました。これだけでも大変な数字だと自分でも思いますが、さらに上には、大横綱・千代の富士関の千四十五勝というとてつもない記録があります。二十三年名古屋場所、僕は千代の富士関の記録に追いつき、追い越したところで引退を決意しました。悔いですか？　まったくなかったですね。

僕は大関を十年以上、六十五場所務めました。大関という地位は、相撲協会の看板ですし、責任ある立場。勝つことだけでなく、日々の振る舞いにも、他の力士の手本にならなければならないわけです。だから、引退を決めて、「悔い」じゃなく、「心底、ホッとした」というのが本音だったでしょうか。
「小説推理」平成三十年（二〇一八）十二月号、平成三十一年（二〇一九）一月号掲載

増位山太志郎《ますいやまだいしろう》

昭和二十三年九月、私が生まれた時、ウチの親父は、関脇（先代・増位山＝大関）だったんです。

とはいえ、親父は二十五年初場所、三十歳で引退してしまったので、「親父が現役の力士だった」という記憶はないんですけどね。

しばらくして、親父の引退相撲があったんですが、その会場に連れて行かれた私は、おふくろから、『増位山！』って言うのよ」と言われて、「ますいやま～」と叫んだそうですが（笑）、その後、私も同じ四股名「増位山」を名乗る力士になるとは、その時は誰もが想像できなかったことでした。

引退した親父は、部屋付きの親方をしていましたが、大坂《おおさか》相撲の部屋のひとつ、三保ヶ関部屋を再興することになりました。力士の数こそ少なかったんですが、自宅が

相撲部屋になったことで、お相撲さんがグッと身近な存在になってきたわけです。

中学に進むと、私は水泳部に入りました。でも、家に土俵があるから、相撲の稽古もたまにしていたんです。水泳も楽しいけど、相撲も楽しい。お相撲さんと一緒に生活をしているうちに、私も「将来は、お相撲さんになりたいな」と思うようになっていました。当時は、中学卒業のタイミングで力士になる人が大半。そこで私は、中学三年生の時、親父に「卒業したら、力士になりたい」と告げたのです。

けれども、親父の答えは「NO」。

昭和終盤から平成にかけての井筒三兄弟、平成の時代の若貴兄弟とか、親子二代で出世したケースものちに出ましたけど、当時、父子ともに出世したという例は、ほとんどなかったんですね。親父にしてみれば、「父子で出世した例《ためし》がないうえに、相撲

増位山太志郎。本名、澤田昇。昭和23年9月16日、兵庫県姫路市出身。昭和42年初場所、初土俵。44年名古屋場所、新十両昇進。45年春場所、新入幕。48年初場所、新三役（小結）昇進。54年秋場所から3場所連続技能賞を受賞し、55年春場所、31歳にして大関昇進。56年春場所、引退。59年11月、父（初代・大関・増位山）の三保ヶ関部屋を継承し、三保ヶ関部屋の師匠となり、平成24年9月、定年退職した。技能賞5回。182センチ、116キロ。得意は右四つ、下手投げ、内掛け。三保ヶ関部屋。

【大関までの道のり】

昭和23年	9月	東京都で生まれる（本籍地は兵庫県）
42年	1月	父の三保ヶ関部屋に入門
44年	7月	新十両昇進
45年	3月	新入幕
48年	1月	新三役（小結）昇進
55年	3月	大関昇進
56年	3月	現役引退

撮影／本誌・小島愛子

界はすごく苦労するから、そんな世界に息子を入れたくない」という思いだったんでしょう。

仕方なく日大一高に進んで、水泳を続けていた私は、水泳のほうでも自由形でインターハイに出るなど、好記録を残すようになっていました。でも、「力士になりたい」という気持ちが消えることはなかった。高校二年になった時、衝撃が走りました。同じく水泳の世界で活躍していた一学年下の花田満くん（のち大関・貴ノ花）が、中学を卒業して、お兄さん（横綱・若乃花＝初代）の二子山部屋に入門するというじゃありませんか！

「先を越されちゃったなぁ……」

ものすごく悔しかった。いても立ってもいられない気分ですよ。でも、水泳のほうも中途半端な気持ちでやってるわけじゃないし、大学からのオファーも来ている。それで、私は自由形で自分できめたタイムを切ったら、水泳の世界で生きて行こうと決めたんです。でも、そのタイムはなかなか出ない。

悩みましたねぇ。また「相撲に行きたい」と言っても、親父に反対されるだろうし。それで、学校の二つ上の先輩に相談したんですよ。そうしたら、先輩は、

「周りのことを考えないで、自分の決心を大切にしろ」

って言ってくれたんです。私の気持ちは吹っ切れました。それで、親父に入門の意志を伝えたところ、二度目のNO。ここで、私に味方してくれたのが、おふくろでした。じつは、おふくろの父親も大坂相撲の力士で、おふくろ自身も「私が男だったら、力士になっていた」というほどの相撲好き。それまでは、表立っておふくろの気持ちを聞いたことはなかったけれど、どうやら私を力士にさせたかったらしいんですね。

おふくろの後押しもあって、しぶしぶ親父は私が力士になることを認めてくれたというわけです。相撲が好きだった私は、高校時代、水泳部のシーズンオフの時は、三保ヶ関部屋の土俵で力士と一緒に稽古していました。幕下力士と互角に張り合えていたので、自分なりに自信を持っていたんですね。一足早く入門した花田は、順調に出世して「若乃花の弟」として注目を浴びている。

「負けられない！」

こうして私は、日大一高三年生だった昭和四十二年一月、初土俵を踏みました。四股名は、瑞竜《ずいりゅう》。この時一緒に初土俵を踏んだのが、花籠《はなかご》親方（元幕内・大ノ海《おおうみ》）の二男の中島くんと、十三歳、中学一年生の小畑敏満くん。そう、小畑くんは、のちの横綱・北の湖です。同じ三保ヶ関部屋に同期入門した北の湖は、五歳年下ですが、当時から「天才」だと感じていましたね。だって、ウチのおふくろが弁当を持たせて、両国中学に通う中学生だから、普段、稽古はほとんどしていないわけ。それでも、本場所になるとポンポン勝って、中学生で幕下に上がっちゃうんだから……。

こんなこともありました。大学を出て入ってきた二十二歳のある力士が、中学時代の北の湖と対戦したら、北の湖に負けちゃった。その力士はショックを受けて、すぐに廃業してしまったの。いわゆる「中学生力士」はしばらくして廃止されたから、こんな力士は、これから先、出ることはないでしょうけどね。

さて、念願の力士になった私は、わりと順調に出世して、四十三年夏場所、幕下が見えてきた時、親父の四股名、「増位山」を名乗るようになりました。増位山になって二場所目に、一度負け越したものの、四十四年名古屋場所で、二十歳の時に新十両に昇進しました。

十両昇進は最初の目標だったので、うれしかったけれど、同じ世代に旭國（のち大関）とか金剛《こんごう》（のち関脇）がいて、先に十両に上がっていたから、彼らに早く追いつきたいというのが大きかったかな？　彼らは十五歳で入門していますけど、私は十八歳と年を食ってから入門してます。「時間がない」と自分に言い聞かせていたんです。

四十五年春場所には、新入幕を果たして、「父子幕内力士」ということで、話題にもしていただきました。十両に昇進して一応「父子関取」を実現した時は、「これで親父の顔に泥を塗らないで済んだ」とホッとしましたけど、「幕内力士」はまた別格です。関取になると付け人が付くんですが、十六歳の北の湖も一時、私の付け人を務めてくれていたんですよ。そういう意味では、「弟」みたいな存在ですかね。

でも、幕内力士の壁は厚かったですね。新入幕の場所で負け越して、十両に陥落、それからは十両と幕内の往復が四回ほど続きました。幕内力士は体がまったく違う。私は身長は百八十一センチあるんですが、体重は百五キロ前後と、関取衆の中では最軽量の部類。食べることは嫌いではないけれど、力士にしては食が細いタイプ。太れないんですね。

一方、弟弟子の北の湖は、チャンコをガンガン食べて、体重もどんどん増加。それに伴って、番付も上げていきました。そして、四十六年夏場所、十七歳で新十両に昇進。四十七年初場所では十八歳で新入幕を果たし、十両でもたついている私をアッと言う間に追い抜いていったのです。

この場所、二十三歳の私は、十両八枚目でした。前年名古屋場所で胸部挫傷、翌秋場所に右足首骨折を負った私は、秋場所を途中休場。九州場所では十両に陥落していました。その九州場所でも十両七枚目で負け越し。一方の北の湖は十両二枚目で九勝して、幕内昇進を決めていました。五歳年下で、かつては私の付け人も務めた弟分ともいえる北の湖に、私は対抗心など抱いたことはありませんでした。けれども、この時ばかりは違いました。

「悔しい！　絶対幕内に復帰してみせる！」

場所前、私は心に誓ったのです。

こうして迎えた四十七年初場所は、五日目まで三勝二敗という成績ながら、六日目から六連勝し、結果は十二勝三敗で十両優勝。私は四度目の入幕を果たしました。

ようやく幕内に定着したのは、その年の秋場所からです。九州場所では前頭四枚目で技能賞を受賞することもできました。私は自分でいうのもなんですが、相撲に関してわりと器用なタイプ。体が細い（百五キロ前後）こともあって、相手に真正面から当たっていくというよりは、力をかわしながら、出し投げを打って崩したり、内掛けを繰り出したりする相撲が得意でした。こうした相撲を「技能相撲」と認めてもらったことは、自分としてもうれしかったですね。

がんばらなければならない理由は、もうひとつありました。十両と幕内を行ったり来たりして、今ひとつ相撲に身が入っていない私を、親父は見かねていたんでしょうね。たしかに、夜の街で飲んだり、歌を歌ったりすることは嫌いなほうじゃないし（笑）、この年はデビューシングル（『いろは恋唄』）を出して、歌手デビューもしていました。ただ、これは余技、趣味の一環で、本業に影響するまでのめりこんでいるつもりはなかった。

「おい、今、付き合っている女性はいるのか？」

ある日、親父が唐突に聞いてきたんですね。当時、彼女はいましたので、

「親父、急になんだよ。まあ、いるけど……」

と私が答えると、親父は「その女性と早く結婚しろ！」と、せっつくんです。

私としては、彼女はいるけど、「今すぐ結婚する」とか、そういう感じじゃなかったんですよ。でも、次第に「結婚しなければいけない」ような状況になってきて（笑）、その結婚が翌四十八年一月に迫っていたわけです。

さすがに、結婚するにあたって、カッコ悪い成績は残せません。九州場所で技能賞を受賞した私は、結婚する一月に開催される初場所で、新三役に昇進することが決まりました。このまま独身でブラブラ遊んでいたら、相撲で出世することもなく、昇《のぼる》（私の本名）は身を滅ぼしてしまう。早く身を固めれば、力士として、家庭人として自覚を持てるのではないか――。

親父の作戦に、まんまとハマったというところでしょうか？

この時の女性は、もちろん今の女房ですが、結婚し、子どもにも恵まれて、四十九

年春場所には、親父が名乗った「増位山大志郎」に一画加えた「増位山太志郎」に改名。翌夏場所では二度目の技能賞を獲得、三役に復帰するといううれしい出来事もありました。

ただ、副業の歌手活動のほうも忙しくなってきてしまって……。四十九年、三枚目に出した『そんな夕子にほれました』が大ヒット。それから、『そんな女のひとりごと』など、『そんな〜』シリーズが当たってね(笑)。地方キャンペーンとかは一切やっていないんだけれど、曲が独り歩きした感じかな?　世間的にも、増位山と言えば、相撲よりも、歌ばっかり歌っているイメージがついちゃったんです。

私のもうひとつの趣味は絵画です。油絵は親父も描いていたから、時間がある時に見よう見まねで描き始めたんです。父子で二科展に入選したこともありましたね。

北の湖は四十九年秋場所、二十一歳で横綱に昇進。輪島と共に、「輪湖時代」を築き、優勝回数を重ねて、大横綱への道を歩み始めていました。昭和五十三年には五連覇も果たしましたしね。

一方、私は五十三年、三十歳になった頃から、なぜか体重が増えてきたんです。それまでは百十キロ弱だったんですが、百十キロを確実に超えるようになった。私のような小兵力士にとって、体重増は自信につながるんです。五十四年秋場所、小結で八勝で三度目の技能賞。翌九州場所では関脇で十一勝を挙げて、四度目の技能賞。

気分よく九州場所を終えて、東京に戻る福岡空港でバッタリ会ったのは、その年の秋場所限りで引退した元大関の旭國の大島親方でした。

「増位山、次、大関のチャンスじゃないか！　がんばってくれよ」

と、旭國さんが言うんですね。

無類の努力家で、ベテランになっても、他の誰よりも早く稽古土俵に上がる旭國さんとは、巡業中によく稽古をした仲です。その旭國さんからの言葉に、私はハッとしました。

「そうか！　大関に上がるのは今しかないんだ！」

翌五十五年初場所、十二勝を挙げた私は、春場所、三十一歳で大関に昇進しました。大関の息子として生まれて、「大関」という座は、私にとって最大の夢でもありました。

「親父に少しでも近づけた……」

それが私にはうれしかったんです。

思えば、長い間鳴かず飛ばずだった私のことを、親父は師匠として、父親としてふがいなく思う一方、いろいろな面で気を遣ってくれていました。

私の大関在位は七場所でした。でも、昇進した時から、横綱を目指す大関ではないと自分でも思っていましたから、まったく悔いはありません。最後の最後で、あの花田こと貴ノ花に追いついて、一緒に大関を張ることもできました。

引退を決意した私に、親父だけは、

「もう少しだけ、大関を続けてほしかった」

なんて言ってましたけどね（笑）。

「小説推理」平成三十一年（二〇一九）二、三月号掲載

出島武春《でじまたけはる》

「力乃士《もののふ》をめざし、精進、努力いたします」

大関昇進の伝達を正式に受けた時、私はこう口上を述べました。

この口上は、師匠（武蔵川親方＝元横綱・三重ノ海）、後援会の方、私とで考えたものだったのですが、力士には昔の侍のような髷《まげ》が残っていますし、侍の魂を持って自分自身に恥ずかしくないように努力したい——。それが口上に込めた思いだったんです。

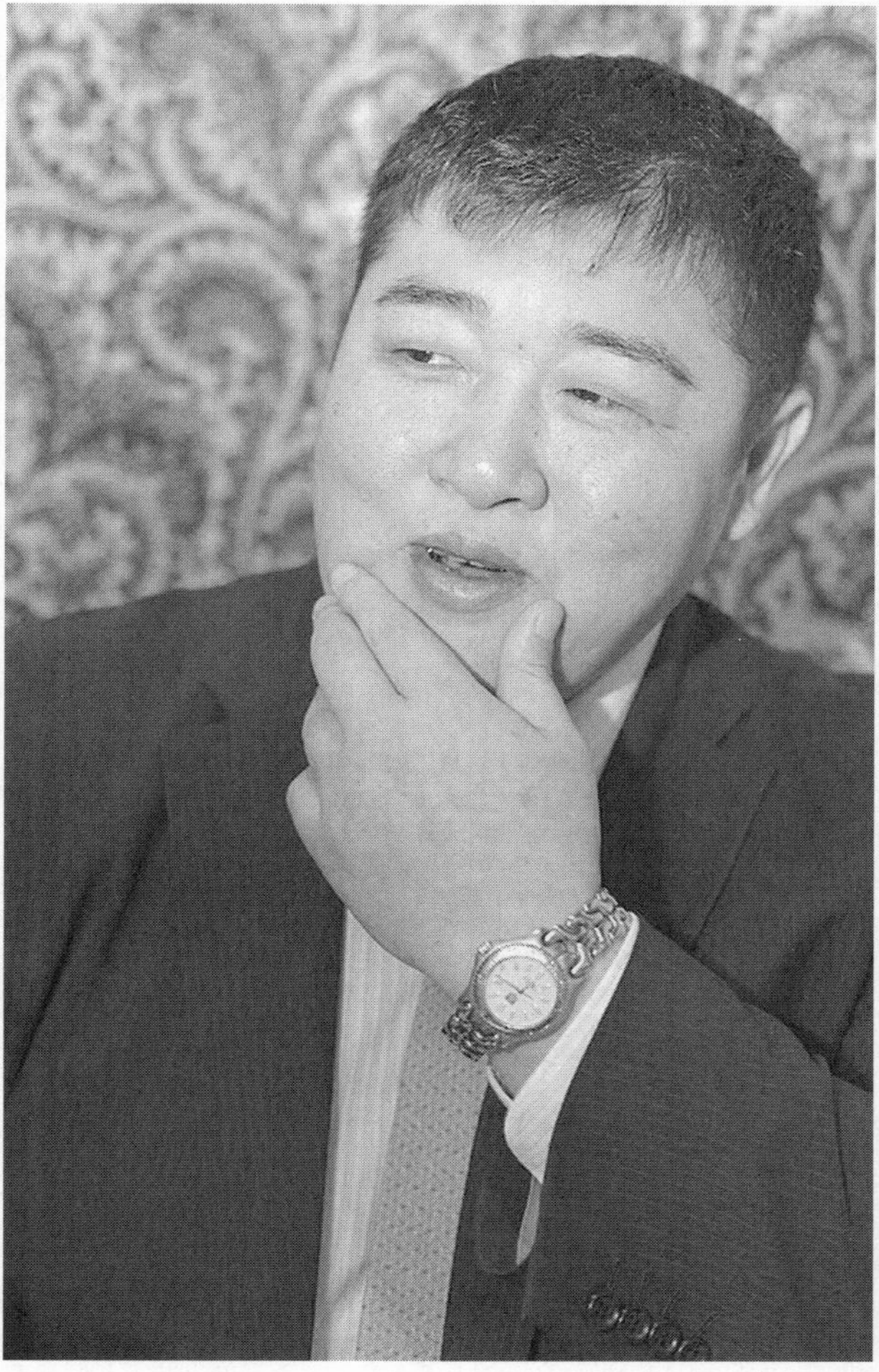

関脇で迎えた平成十一年名古屋場所、私は初日から三連勝。四日目はベテランの琴錦関に敗れたのですが、その後また連勝し、七日目はここまで全勝の横綱・曙関との対戦でした。じつは私は、これまで曙関には四連勝していて、横綱に対して失礼を承知で言うと、この日も負ける気がしなかったんですよ。

「勝っちゃうんだろうな〜」

みたいな感じです（笑）。

曙関は立ち合い張ってくることはわかっていたし、ノド輪攻めを堪えた後、私は左ハズから二本差してがぶり寄りからのすくい投げが決まりました。すべてが自分のイメージ通りの相撲で、曙関の動きがスローモーションで見えたほどです。

十一日目が終わった時点で、曙関が一敗、二敗が横綱・貴乃花関と私が続き、十三日目に私が大関・貴ノ浪関に勝って、二横綱、二大関を倒すことができました。けれ

出島武春。本名、同じ。昭和49年3月21日、石川県金沢市出身。中央大学相撲部を経て、平成8年春場所、幕下付け出しでデビュー。8年秋場所、新十両昇進、9年春場所、新入幕で敢闘賞、技能賞を獲得。11年名古屋場所、関脇で初優勝し、翌秋場所、大関昇進。13年名古屋場所、大関陥落。21年名古屋場所、引退。年寄・大鳴戸を襲名。優勝1回、殊勲賞3回、敢闘賞4回、技能賞3回、金星6個。180センチ、160キロ。得意は押し。武蔵川部屋。

【大関までの道のり】

昭和49年	3月	石川県で生まれる
平成 8年	3月	武蔵川部屋に入門
	9月	新十両昇進
9年	3月	新入幕
	11月	新三役昇進
11年	7月	初優勝
	9月	大関昇進
21年	7月	現役引退

ども千秋楽を迎えるまで、あくまで優勝争いは一敗の曙関がリードしていて、私に注目が集まることはなかったんですね。

じつは私、この年の春場所は小結で九勝、夏場所は関脇で十一勝したのに、三賞をいただくことができなかった。大関昇進の基準は、直前三場所のトータル勝ち星が三十三勝以上。千秋楽の栃東戦で私が勝てば、十三勝となり、昇進基準に到達できるという状況になっていたんです。

栃東戦、攻め込まれたものの辛うじて勝った私は十三勝。結びの一番は一敗の曙関と、同じ武蔵川部屋の武蔵丸関の対戦です。ここで、兄弟子の武蔵丸関が曙関を撃破。曙関が二敗となったことで、曙関と私の優勝決定戦がおこなわれることになったのです。

なぜかこの時も、自信がありました。左変化で曙関の突進をかわした私は押し出しの勝利。初優勝が決まりました。

やった！

言葉で表すことができない喜びが湧き上がってきて、自分が自分でないような感覚でしたね。

場所前は魁皇関の大関獲りが話題の中心で、かやの外だった私。「大関獲り」と騒がれずに、大関に昇進したなんていう力士は私くらいかもしれませんね（笑）。それなのに、大関と幕内最高優勝を手に入れて、この日、地元・金沢から駆け付けた両親のほうが、舞い上がっていたほどでした。

私が生まれたのは石川県金沢市。四股名の「出島」は本名で、春分の日に生まれたので、「武春」という名前が付きました。子供の頃からポチャポチャしていて、女の子に間違えられることもしょっちゅうあったみたいですが、とにかく食欲は旺盛（笑）。両親が共働きだったので、同居していた祖父と祖母にネコかわいがりされて育ちました。

体が大きかったので、両親は「将来は柔道のオリンピック選手に――」という夢を抱いていたようでしたが、小学一年の頃から実家近くの神社で相撲のスポーツ少年団に通い始めました。「ラーメンを食べさせてあげるよ」という言葉でスカウトされたところが、食いしん坊の私を物語っていますよね（笑）。

金沢市立鳴和《なるわ》中学では、相撲部の先生に徹底的に押し相撲を教わりました。中三の時には全国中学相撲選手権で準優勝。高校は地元の金沢市立工業高に進んだのですが、ここで運命の出会いがありました。

のちに、武哲山《むてつやま》という四股名で十両力士となった、当時中央大学一年生の栗本剛《ごう》さんから、「出島君、将来は中大に来いよ。一緒に日大を倒そう」と声をかけてもらったのです。将来強くなるかどうか未知数の私に声をかけてくれたことが頭から離れず、「(相撲部が)一番強い日大に進んでほしい」という両親の希望に背く形で、卒業後、私は中大に進学、相撲部に入部しました。

私が中大一年の時、栗本さんは四年生でキャプテン。もちろん目標は、インカレで団体戦七連覇中の日大を倒すことです。

こうして迎えたインカレ団体戦は、先鋒・中尾さん(元幕内・若孜《わかつとむ》)、二陣・栗本さん、中堅・私、副将・松本さん(元関脇・玉春日《たまかすが》=現・片男波《かたおなみ》親方)らの布陣で、日大を破って三十四年ぶりに優勝という結果を残すことができました。

一年生の時にインカレ団体優勝という輝かしい成績を残したものの、個人戦で学生横綱、アマ横綱のビッグタイトルに手が届かなかった私。大学相撲部では悔しいことの連続でした。

もう一度、男を磨いてみたい！

そう決意した私が選んだのは、大相撲の道です。「地元に帰って、安定した職業に就いてほしい」と願っていた母には、泣きながら反対されました。でも、父は「勝負してみればいい。三年経って結果が出なかったら、戻ってこい」と、後押ししてくれたんです。父は、横綱・輪島関と同じ金沢高校相撲部の出身。負傷で相撲を途中で断念してしまったので、息子の私にはやりたいことに挑戦してもらいたいという気持ちだったんでしょうね。

三年前に大学を卒業した栗本さんは、武蔵川部屋に入門し、力士になっていました。部屋での朝稽古が終わると、中大相撲部にやってきて、私に稽古をつけてくれるなど、卒業後も面倒を見てもらいました。プロの世界の話は栗本さんからいろいろ聞いていたので、入門に際して、不安な気持ちはなかったですね。

こうして平成八年春場所、私は武蔵川部屋から幕下付け出しでデビューします。大学相撲でしのぎを削った同期たちも、次々に入門を発表。初場所で日大の熊谷《くまがい》（のち小結・海鵬《かいほう》）、拓大の後藤（のち関脇・栃乃洋《とちのなだ》＝現竹縄《たけなわ》親方）ら、春場所では農大の坂本（のち前頭・時津海《ときつうみ》）がプロ入りし、振り返ってみれば、私たちの学年は「豊作」だったのかな？　と思いますね。今でも彼らと集まって、酒を飲みながら大学時代の話をします。いい仲間たちです。

さて、春場所は五勝（二敗）と辛酸を舐めたものの、夏場所の幕下全勝優勝で、名古屋場所では一気に幕下西二枚目まで番付がジャンプアップ。

西幕下二枚目は微妙な地位です。七番のうち四番勝てば勝ち越しですが、四勝だけでは十両昇進が微妙。一番相撲から勝ったり負けたりを繰り返した私は十一日目の大《だい》竜《りゅう》（現・大嶽《おおたけ》親方）戦で勝ち越し。七番相撲は、元関脇で、この時十両下位に陥落していたベテラン・琴《こと》ケ梅《うめ》戦です。十両と幕下の言わば「入れ替え戦」を前に、私は身震いを覚えました。

百八十キロの琴ケ梅関はさすがに重たかったですね。それでも、なんとかこの一戦に叩《はた》き込みで勝った私は、翌秋場所で新十両に昇進しました。

翌九年は、勢いに乗っていました。初場所、十両三場所目で優勝。春場所では、念願だった新入幕を果たします。十両の土俵では、かねてから憧れの存在だった、久《く》島《しま》海《うみ》関との対戦もありました。高校三年生でアマチュア横綱に輝いた久島海関は、日大相撲部でも大活躍して、鳴り物入りで入門。怪物「クッシー」と言われ、この時は十両に下がっていましたが、一門の後輩である私のことを、とてもかわいがってくださっていたのです。ですから、その久島海関から白星を挙げて、「恩返し」できたことは本当にうれしいことでした。

さて、この新入幕の場所、私は十日目に勝ち越しを決めます。百七十九センチ、百四十八キロ。幕内の土俵ではけっして大きな体ではありません。ですから、前まわしを取って一気に出るというスピーディーな取り口を心がけていました。新入幕ながら、十四日目まで優勝争いに絡んでいたこともあって、敢闘賞に加え、技能賞までいただくことができたのです。

そして秋場所には、前頭筆頭で横綱、大関陣に挑んだのですが、初日、大関・貴ノ浪関、三日目に横綱・貴乃花関、九日目には横綱・曙関を撃破するという、自分でも信じられない白星をもぎ取ります。この場所、優勝した貴乃花関を破ったことから、初めての殊勲賞をいただきました。

けれども、いいことばかりが続いたわけではありません。十一月の九州場所七日目の玉春日戦で左足首に大ケガを負い、三場所休場。この時は「公傷制度」があり、「公傷」が認められると、全休しても、一場所は同じ地位に据え置かれましたので、私は十年夏場所、前頭十一枚目から再スタートを切ることができました。

余談ですが、今年（平成三十一年）の春場所は、元大関の照《てる》ノ富士《ふじ》が負傷や病気で全休を続けた結果、番付が序二段まで降下。序二段で奮闘していますが、ケガが長引くと残酷なまでに番付は下がっていきます。それでも「相撲が取りたい」と土俵に上がる姿には頭が下がります。

また、長く大関を務めた琴奨菊《ことしょうぎく》も、現在、平幕で相撲を取っていますが、ファンもたくさんいるし、親や妻子、後援会の方とか応援してくれる人のために、一日でも長く元気のよい関取姿を見せてほしいと思います。

夏場所十勝を挙げた私は、翌名古屋場所では、再び曙関から金星を獲得。「曙キラー」と呼ばれ、一年後の名古屋場所で幕内最高優勝を果たすのです。

この名古屋場所の注目は、魁皇関の「大関取り」でした。けれども、まったく注目されていなかった私が優勝し、大関昇進基準となる三十三勝（三場所の勝ち星合算）を挙げていたことから、場所後に大関昇進が決まります。

大関・出島の持ち味は、出足です。「出る、出る出島」と称された、一気の出足こそが私の強みでした。体が勝手に動いてくれるというか、気づいたら勝っていたというか、白星が重なっていく時は、そういう感じなんですね。

でも、大関に昇進してからは、毎日が必死でした。私が所属している武蔵川部屋には、当時、横綱・武蔵丸関がいて、ほかにも大関・武双山関、私のあとに大関に昇進した雅山がいました。師匠・武蔵川親方は、横綱、大関に対しても、厳しい稽古を義務づけて、稽古が休みの日はほとんどありませんでした。

この頃、横綱・貴乃花、若乃花、大関・貴ノ浪らがいる二子山部屋と武蔵川部屋がよく比較されましたが、今振り返れば、どちらの部屋ものすごく稽古をしていたことだけは間違いないでしょうね。だから、二つの部屋で優勝を競い合えていたのでしょう。

大関十一場所目の十三年夏場所のことです。再び足首を傷めた私は、五勝十敗と大敗を喫します。そして、翌名古屋場所五日目、旭鷲山戦で右ふくらはぎを負傷した私は休場に追い込まれてしまいます。もう時効だと思うので、お話ししますが、前日の四日目から高熱が出ていて、旭鷲山戦の前の体温は、なんと四十三・六度。前場所で負け越しているため、この場所はカド番です。だから、どうしても出場したかった。

その思いだけで、土俵に上がっていたのですが、蜂窩織炎《ほうかしきえん》と診断され、体は言うことを聞かなくなっていました。

翌秋場所、大関から陥落した私は、関脇の地位でも勝てず、そこから四場所連続負け越します。十四年春場所中には、顔面麻痺という経験もし、心身ともに疲れ切っていました。そして、名古屋場所ではふくらはぎの断裂で、休場――。もはや、大関だった頃の出足は影を潜めていました。

平幕で相撲を取るようになった私に対して、「元大関が何をしてるんだ」という叱責の声があったことも事実です。たしかにパーッと大関に上がって、陥落した。けれども、私はまだ二十代。「やりきった」という年齢ではありません。幕内の土俵で相撲を取り、再び大関を狙うということもあるのではないか？　と考えていたのです。

私の相撲人生は、三十五歳まで続きました。大関に再び返り咲くことは叶わなかったけれど、十九年夏場所では、久しぶりに敢闘賞をいただいたり、三十三歳になった二十年初場所では五年ぶりに返り三役（小結）も経験して、「出島」という力士を皆さんに思い出してもらうこともできました。

引退を決めた二十一年名古屋場所は、前頭十三枚目。十日目に春日王《かすがおう》に敗れて負け越し、十一日目に豊ノ島《とよのしま》に負けて九敗目。「十両に落ちたら相撲は取らない」と決めていましたから、ここが私の限界でした。師匠には「千秋楽まで相撲を取り切れ」と言われましたが、最後の最後で師匠に反抗して、引退を決めました。

大関というのは、なる前は雲の上のような存在に思えましたけど、そこに行ってしまえば孤独で、地獄のような世界でした。きっと、もうひとつ上（横綱）は、もっと壮絶なんだろうな……。行った者にしか見られない景色なんだろうな……と、私はしみじみ感じるのです。

「小説推理」平成三十一年（二〇一九）四、五月号掲載

霧島《きりしま》一博《かずひろ》

今から三十一年前。元号が昭和から「平成」に変わった四月、私は三十歳になっていました。

身長百八十七センチ、体重百二十キロ足らずの私は、幕内力士の中で最軽量の部類です。二十代の頃にも、三役の経験は何度かあったのですが、そのたびに負け越して悔しい思いをしていました。特にこの年の初場所では、小結で一勝十四敗という屈辱的な成績を残してしまい、私は一念発起。食生活を徹底的に見直し、管理して、百十キロ台の体重を増量することを決意したのです。

「体重増加」は、私の力士人生最大の課題でもありました。入門時は七十キロ。元来、食が細いほうなので、十代の頃からウエイトトレーニングに励み、筋肉を付けることで体重増を図ってきました。一念発起後は、一日三回、バナナ、卵などで作る特製飲料を摂取。この手法で、私の体重は半年で十キロも増えたのです。

こうして迎えた元年九州場所は、西小結で十勝と初めての勝ち越し。二年初場所は、横綱・北勝海関、大乃国関を破って、東小結の地位で十一勝を挙げることができたの

です。

体が小さい力士にとって、体重が増えることで、どれだけ自信が付くことか――。これを証明できたような成績でした。そして、この二場所で二ケタの勝ち星を残せたことで、私は一気に「大関候補」に躍り出たのです。

一年前、小結でわずか一勝しか挙げられず、「大関取り」の「お」の字すらなかった私に、絶好のチャンスが巡ってきたのです。

体重百二十七キロで迎えた春場所は、初日からおもしろいように体が動いていました。六日目の対戦相手は、前日までに通算九百九十九勝を挙げて、一千勝がかかる横綱・千代の富士戦。世間は今日にでも千代の富士関の大記録達成かと、大騒ぎです。

じつは私、それまでは、千代の富士関に一度も勝つことができませんでした。同じような小兵力士。けれども、攻めの鋭さ、技の切れ味はまったくレベルが違うもので、

霧島一博。本名、吉永一美。昭和34年4月3日、鹿児島県姶良郡牧園町（現霧島市）出身。50年春場所、初土俵。57年夏場所、新十両昇進。59年名古屋場所、新入幕。62年初場所、新三役（関脇）昇進。平成2年春場所、関脇で13勝を挙げ（優勝決定戦進出）、夏場所、新大関昇進。5年初場所、関脇に陥落。8年春場所、引退。9年12月、陸奥部屋を継承した。優勝1回。殊勲賞3回、敢闘賞1回、技能賞4回。187センチ、132キロ。得意は左四つ、寄り、吊り、出し投げ。井筒部屋。

[大関までの道のり]

昭和	34年	4月	鹿児島県で生まれる
	50年	3月	君ヶ濱部屋に入門
	57年	7月	新十両昇進
	59年	7月	新入幕
	62年	1月	新三役（関脇）昇進
平成	2年	5月	大関昇進
	8年	3月	現役引退

「大横綱」の前では、私は萎縮してしまうというか、相撲を取る前に負けてしまっている部分があったように思います。

でも、この時の私は、以前のように千代の富士関を相手に「のまれる」ということはなかった。横綱に右上手を取られなければ、勝機はある――。その強い気持ちで臨んだことにより、つり出しで、初めて千代の富士関から白星をもぎ取ったのです。

行けるぞ！

翌七日目には大関・小錦関、九日目には大関・北天佑《ほくてんゆう》関を破って勝ち越しを決めた後も、十三日目に横綱・北勝海関に勝って、十一勝目。大関昇進の勝ち星の目安は、三場所で三十三勝ですから、十二勝を挙げれば「当確」となります。十四日目、千秋楽ともに勝って十三勝を挙げた私に、もうひとつのチャンスがやってきました。

なんと、二敗で北勝海関、小錦関、私の三人が並び、優勝決定巴戦がおこなわれることになったのです。

優勝こそ逃してしまいましたが、大関昇進がほぼ決定したこと、なによりも自分の力を十分に出し切れたことに、私は大満足していました。

三十一歳を目前にしての、超スロー出世での大関昇進には、「平成初」の冠も付きました。

「稽古に精進し、大関の名を汚さぬよう、一生懸命がんばります」

と、大関伝達の使者を前に、緊張しながら口上を述べた私。

所要九十一場所でのスロー昇進は歴代一位ということもあって、メディアからは、高年齢での大関昇進を不安がる質問も飛びました。私は前を向いて、こう答えました。

「三十歳というのは、暦上の年齢。実際の体はまだまだ若いので大丈夫です」

私はこの時、「もうひとつ上」の横綱を狙う覚悟があったのです。

私が生まれたのは、鹿児島の霧島温泉郷の一つ、牧園《まきぞの》町という田舎町です。実家は四反ほどの田畑を持つ農家でしたが、それだけでは一家が食べていけないので、父は大阪に出稼ぎに行っていました。

そんな中、体を動かすことが好きだった私は、サッカーや野球、柔道などのスポーツに熱中。柔道を生かしての高校進学に加えて、ラグビーにも興味を持っていたので、県外の高校から推薦入学の話もいただいていました。

そして中学三年の夏前には、郷土の英雄・元関脇・鶴《つる》ヶ嶺《みね》の君《きみ》ヶ濱《はま》親方（当時＝のち井筒親方）の親戚の方から、「力士にならないか？」というお誘いをいただきます。

ラグビーという未知のスポーツに挑戦したい私は、何度かその誘いを断りました。けれども、その後、当の君ヶ濱親方が長男で中学三年生の好政《よしまさ》くん（のち十両・鶴嶺《かくれい》山《ざん》）を連れて、私の家にやってきたのです。

「じつはここにいるワシの息子も、来年の春中学を卒業したら、力士になる。君もいい体をしているから、入門してみないか？　がんばり次第で、いくらでも親孝行ができるのが相撲の世界だから……」

決して裕福とはいえない家庭で育った私にとって、「親孝行」のひと言はグサッときましたね。一年のほとんどを出稼ぎに行っている父、農作業をしながら、観光ホテルで働いている母。特に母の苦労は近くでずっと見ていただけに、「かあちゃんを楽にさせてあげたい」という気持ちが強かったんでしょうね。

夏休みには東京の部屋を見学して、自分なりの手応えをつかんだ私は入門を決意。鹿児島県は過去に四人の横綱が誕生している相撲が盛んな土地なのですが、牧園町出身の力士は今までいなかったとのことで、町の人たちの期待もにわかに高まってきていました。

こうして昭和五十年三月、親方の長男・福薗《ふくぞの》好政くんらと一緒に初土俵を踏んだ私でしたが、田舎ではある程度自信を持っていた自分の体は、相撲界では小さな部類だということを思い知らされるのです。

五月の夏場所、序ノ口に番付が載ったその場所、私は二勝五敗と負け越し。相撲に勝つことがいかに難しいかということもそうですが、「親孝行」などというものは、今のままでは到底叶わない夢だとわかりました。

入門から一年が経っても、ちっとも番付が上がらない私を、田舎の人たちは心配してくれていました。当時、本名の「吉永《よしなが》」を四股名にしていたのですが、「故郷にちなんだ四股名に改名したらどうだ?」と提案してくれたのです。

高千穂、霧島、中津川……などの候補の中から、私が選んだのは霧島です。「霧島」に改名してからの私はといえば、三段目には上がったものの相変わらずの軽量で、番付を駆け上がるというわけではなかったです。

そんなある日、部屋の先輩力士のお供で行ったのが、両国の隣町、錦糸町にあるトレーニングジムです。「ウエイトトレーニング」というものを初めて目にした私は、「これだ!」とひらめきました。そしてその後、筋トレにのめり込んでいくのです。

今こそ、力士を含めたスポーツ選手が、練習に筋トレを取り入れるのは普通です。けれども、昭和五十二年頃の大相撲界は、器具を使った筋トレに対して、違和感を持つ人のほうが多かったのです。

「力士は、四股、テッポウが基本。ベンチプレスとか、ダンベルを持ち上げるヒマがあるなら、一回でも多く、四股を踏まんかい!」

ウチの師匠でさえ、そういう考え方だったので、私は夜のチャンコが終わった後に、こっそりと部屋を抜け出して、ジムに通うことにしました。

そして、数ヶ月――。大胸筋が厚みを帯び、さらには肩や腰にも筋肉がついてきて、自分の体が変化してきたことを実感した私。そして何より、筋力がアップしたことで、相撲の技で言えば、「吊る」ことが得意になってきたのです。

こうして、少しずつではあるものの、筋トレによって体重が増え、技にもバリエーションが出てきたことで、私は番付を幕下に上げました。けれども、私の相撲は、「決め手」に欠けていました。幕下生活は五年にも及び、ようやくチャンスが巡ってきたのが、五十七年春場所のことでした。

東幕下筆頭。「大頭」と呼ばれ、勝ち越せば（四勝）十両昇進が決定するという、特別な地位でもあります。私はここで、一勝二敗から三連勝し、四勝三敗とギリギリのところで、十両昇進を決めたのです。

「母ちゃん、やっと上がったぞ！」

うれしさで、いても立ってもいられなかった私は、蔵前国技館内の公衆電話から、鹿児島の母に電話をしました。互いに言葉が出ず、電話の先の母がすすり泣きしていたことは、今でもハッキリ覚えています。

こうして、五十七年夏場所、二十三歳で関取になった私は、初日から五連敗。結果的に六勝しか挙げられず、幕下にUターンすることになってしまいました。そして、日々の筋トレに加えて、「食べる」ことにも重点を置いた私が、再び十両力士となったのは、一年半後の五十八年九州場所のことでした。

そして、十両を四場所で通過した私は、五十九年名古屋場所、新入幕を果たします。一緒に入幕したのは、ハワイ出身、二百キロを超える小錦。初土俵からわずか二年で幕内力士になった小錦に対して、私が要したのは約十年。新入幕の「大小コンビ」は注目を浴びることになり、九日目の小錦戦で私が下手投げで勝った時は、これまでにない歓声を浴びました。そして私は、敢闘賞を受賞。この敢闘賞はファンの方たちが後押ししてくれた賞だったと今でも思っています。

こうして幕内に定着した私は、少しずつ番付を上げて、六十二年初場所では関脇に昇進するのですが、私が所属する井筒部屋は、師匠の次男坊、逆鉾《さかほこ》（当時・井筒親方）、三男坊の寺尾（現・錣山親方）と人気力士が揃っていて、「相撲ギャル」と言われる女性ファンが、連日押し寄せていました。

寺尾は私と同じトレーニングジムに通い、毎日真面目に稽古していて、弟弟子とは言え、見習うところが多かったですね。他にも、陣岳《じんがく》、薩洲洋《さつしゆうなだ》（現・立田山《たつたやま》親方）

と、同世代の力士がしのぎを削っていたので、部屋の力士は全員ライバル。稽古するにはベストな環境だったと思います。

そして、さらに筋トレを重ねて、体重を百二十キロにまで増やした、平成二年夏場所、三十歳で、夢にまで見た大関に昇進。新入幕の頃、ジムの会長から言われた、「上腕筋が五十センチになったら、大関になれるよ」という言葉は、私の励みになっていたのですが、五十センチを超えたとき、現実のものになるとは……。

そして、もう一つ、私が夢見ていたもの、それは優勝でした。チャンスが巡ってきたのは、三年初場所のことです。三日目、小結・安芸ノ島《あきのしま》（現・高田川《たかだがわ》親方）に敗れたものの、私は順調に白星を重ねて、十四日目を終えた時点で十三勝一敗で単独トップに立った私の千秋楽の相手は、二敗の横綱・北勝海。意外なことに、私はこの大一番を前に緊張感はなく、

「本割りで負けても、決定戦がある。二番のうち、一番勝てばいい」

と考えて臨んだ北勝海戦は、得意のつり出しで勝ち、初優勝を遂げたのです。

序ノ口から数えて、九十六場所目での初優勝は最長記録で、さらに、三十一歳九カ月での初優勝も、年六場所制になってからは最高齢（当時）。いつも厳しい師匠から、

「おめでとう。よかったな」

との言葉をいただき、私は「さらに上（横綱）を目指そう」と自分を奮い立たせました。

それ以降も、「先輩大関」の小錦と大関を張っていたのですが、四年に入ってからはヒジの故障で負け越し。さらに九州場所七日目の水戸泉戦で足首を負傷し、途中休場。二場所連続の負け越しで大関陥落が決まりました。

大関からは落ちてしまったけれど、私は「ケガさえ治れば、また大関に戻れる」と信じていました。番付は関脇になり、その後は平幕で相撲を取っている私に対しては、「元大関なのに、なぜそこまで現役にこだわるのか？」

という声が、大多数でした。

ですけど私には、「大関のプライド」などというものは存在しなかったし、とにかく自分が納得するまで相撲を取りたい――。その一心だったのです。最後は気力がなくなってしまい、三十六歳で引退を決めましたが、今振り返ってみても、「稽古でも筋トレでも、もっとやれたんじゃないか？」と、後悔しているほどです。

でも、細かった私が、大関という地位まで行くとは、誰もが思っていなかったでしょうし、自分の中では勲章か、金メダル級ですよ。大関になったことを自分で誉めてあげたいし、今となっては、ケガをしない体をくれた両親に感謝の気持ちでいっぱいです。

「小説推理」令和元年（二〇一九）六、七月号掲載

千代《ちよ》大海《たいかい》龍《りゅう》二《じ》

平成十一年初場所、関脇四場所目を迎えた私は、初日の貴闘力《たかとうりき》関戦から六連勝。七日目、土佐《とさ》ノ海《うみ》に敗れたものの、その後も関脇・武双山、大関・貴ノ浪関、武蔵丸関を下して、十二日目はベテラン・安芸乃島《あきのしま》関との対戦が組まれました。以前から「この力士の気合いはすごいな」と思って、多少苦手意識があったのですが、安芸乃島関の気迫に飲まれた私は二敗目を喫してしまいます。

けれども、ここから気合いを入れ直し、十三日目、闘牙《とうき》、十四日目には横綱・貴乃花関に勝ち、二敗のまま千秋楽を迎えたのです。この場所の優勝争いは、横綱・若乃花関が千秋楽まで一敗でトップを走っていました。

千秋楽は、一敗の若乃花関と二敗の私との対戦が組まれました。ここで、若乃花関が勝てば、すんなり優勝。私が勝ったとしたら、二敗に二人が並ぶため、優勝決定戦に持ち込まれるという展開です。

初優勝もありえるかも……。

私の脳裏に、そうした思いがチラッと浮かんだことも事実です。けれども、私が優勝するためには、まず、本割で若乃花関に勝って、優勝決定戦に持ち込んで、さらにもう一番勝たなければ実現しないこと。普通に考えれば、ポッと出の若造の私が、横綱相手に二番連続で勝つ、などということはあり得ないわけで、私自身、千秋楽の大一番を前にして、プレッシャーというものはほとんど感じていませんでした。

スポーツ新聞紙上では、「逆転Vもありえる」などと騒いでもらって、「自分もずいぶん有名になったものだなぁ……」と、逆に気分がよかったくらい。でも、もし本割で勝って十三勝を挙げると、三場所の通算勝ち星が三十二勝となって、大関昇進もありえる星になることもわかっていました。

千代大海龍二。本名、須藤(旧姓・廣嶋)龍二。昭和51年4月29日、大分市出身。平成4年九州場所、初土俵。7年名古屋場所、新十両昇進。9年秋場所、新入幕。11年初場所、関脇で初優勝。春場所、大関昇進。14年名古屋場所、15年春場所、優勝。22年初場所、引退、年寄・佐ノ山を襲名。28年8月、九重部屋を継承。優勝3回、殊勲賞1回、敢闘賞1回、技能賞3回。181センチ、163キロ。得意は、突き押し。九重部屋。

[大関への道のり]

昭和51年	4月	北海道千歳市で生まれる(その後、大分市へ転居)
平成 4年	11月	九重部屋に入門
7年	7月	新十両昇進
9年	9月	新入幕
10年	5月	新三役(小結)昇進
11年	3月	大関昇進
22年	1月	現役引退

撮影／武田葉月

横綱に負けてもともと——。

こんな感じで臨んだ本割。立ち合いは私が有利に立てたのですが、相撲巧者の若乃花関に差されて、組み止められた私。それでもかまわずに突き放して、右からすくって突き落とすと、若乃花関が土俵にバッタリと落ちている。

耳をつんざくような、ものすごい喚声です。

無我夢中だった私は、この時の相撲の記憶がほとんどないんですよ。勝ち名乗りを受けて、懸賞金の束をいただいて、興奮のうちに土俵を降りたのですが、勝ったことに満足して、十分後には再び土俵に上がり、決定戦の相撲を取ることをすっかり忘れていたくらいです。

そして、決定戦——。

私の得意は突き押し相撲。そもそも小細工ができるタイプではないので、軽量の横綱相手にやれることと言えば、頭からぶちかましていくこと。だから、立ち合いから思い切ってぶちかまして、一気に出ていったのですが、若乃花関からはたかれて、前のめりに倒れてしまったのです。

行司軍配は、横綱に上がっています。

ジ・エンド——。

そう思った瞬間に、物言いがつき、審判団が土俵上で協議に入ったのですが、それが長いのなんのって……。

ファンから、横綱への悲鳴のような声援が飛ぶ中、結果は、同体、取り直し。「ツイている！」と思いましたね。千秋楽、横綱・若乃花関と三番も相撲が取れるんですから、「次は絶対に勝とう！」と、私の闘魂にこれまで以上に火がついたのです。

取り直しの一番。横綱にまわしを取られたら、まったく勝ち目はありません。だから、頭からあたって、早めの勝負に賭けました。土俵際、横綱の首投げにヒヤリとしたものの、体を横綱に預けて、寄り倒しの勝利。

相撲を取り切った。そして、やり切った。

自分でも「まさか」と思うほどの初優勝は、もうこれ以上の感激はない、というくらい感激しましたね。

優勝旗は師匠の九重親方（元横綱・千代の富士）から、手渡していただきました。じつは私は、現役時代「ウルフ」と呼ばれ最強の横綱だった千代の富士関に憧れて、九重部屋にみずから志願して、入門を許してもらっています。その「憧れの存在」だった師匠みずから、優勝旗をいただけるということも大感激でした。優勝旗を渡すのは、審判委員の親方衆が持ち回りでおこなっていて、この場所はたまたま師匠が当番だったのだそうですが、それにも不思議な縁を感じたものです。

こうして、入門から七年目で初優勝を果たした私は、場所後に大関昇進をも決めるのです。

私が生まれたのは、北海道千歳市。空港に近いこの土地で過ごしたのは六歳までだったのですが、この時の記憶はほとんどないんですよね。

それで、小学校に入学する前に、一家で母の実家、大分市に引っ越したのですが、のちに総理大臣となった村山富市さんの自宅は、すぐ近所だったんです。

小学一年生の時、体重はすでに六十キロ。そこで、付いたあだ名は、プロレスラーのアブドーラ・ザ・ブッチャーから、「ブッチャー」。よその土地からやって来た私に対して、小学校の級友たちが、「デブ」とか「ブッチャー」などと、面と向かってバカにしてくるのが許せなくて、「自分のことは自分で守らなければ」と思ったものです。そういう連中はこらしめてやりましたよ。でも、体が大きいから、自分から手を出したりはしなかった。それは、その後、ヤンキーをしていた頃も同じです。

小学生のころから勉強が嫌いだったのですが、中学校に入るとますます嫌いになった私。そこで打ち込んだのが、柔道でした。柔道部の顧問の先生が熱心だったこともあって、私は一年生からレギュラーで試合に出してもらって、県大会では三連覇。

　三年生になると、個人として徹底的に格闘技を学びたいという思いから、空手道場に入門。中学生の立場を隠して、成人が対象の空手大会に出て、九州大会で三位に入賞できた時は本当にうれしかったですね。

　格闘技で強くなりたい――。そう思ったのには理由があります。中学生になって、勉強についていけなくなり、しかも母と対立していた私は、非行の道に走っていました。周りは私と同じようなヤンキーがたくさんいて、私はどうせヤンキーをやるならトップになりたい、と考えたのです。

　ケンカ、そしてバイク……。もちろん、バイクは無免許で、放置されている他人のバイクを乗り回していたのですから、今思えば、はずかしいことです。でも、その頃は、それが一番カッコいいと信じていて、私はついに暴走族「十二単《じゅうにひとえ》」のリーダーの座をつかんだのです。

　リーダーになってからは、学校よりも暴走族の活動が忙しくなり、朝早く起きて、中学校に行くということができない状態になっていたのですが、こんな私に校長先生は優しく接してくれました。

　なんと、昼過ぎに、校長室に登校するという異例のスタイルを許されて、私はなんとか中学校を卒業したのでした。

卒業後に選んだのは、建設会社のとび職です。じつは、中学時代もとびのバイトをしていたので、私にとっては勝手知ったる職業。毎朝早くから現場に行き、日給は一万二千円ほどいただいていたんです。

けれども、仕事と並行して暴走族活動も続けていたため、次第に仕事場に行けなくなってしまった。半年後、私は解雇されました。何もすることがなくなった私の生活は荒れ果てて、挙句の果てにシンナーに手を出す始末……。同級生が高校生活をエンジョイしている姿を見て、ギャップを感じてしまい、この頃は「夢」が見出せなかったのです。

おふくろは、それまで私の「ヤンチャ」を咎めたことはありませんでした。けれども、この時は限界だったのだと思います。包丁を手に私の部屋にやってきて、

「龍二！　私はなんのために、あんたを育ててきたのかわからない。こんな生活をしているのなら、私は死んだほうがいい。あんたを殺して、私も死ぬ！」

あまりの迫力に、圧倒されたのと同時に、私のことを一番考えていてくれたのはおふくろだったということに、ようやく気がついたのです。しばらく考えて、私は母の元に行き、こう言ったのです。

「かあちゃん、俺、相撲に行くよ。千代の富士がいる九重部屋に電話してくれ」

十月がもうすぐ終わろうとしていました。母はすぐさま、九重部屋の福岡宿舎に電話して、師匠との面談の約束を取り付け、私は憧れの九重親方と会うことになったのです。

この時の私の髪型は、金髪のリーゼント。これには師匠も唖然としたようで、「髪の毛を染め直して、もう一度来なさい」とダメ出しをされました。そして、ギリギリのところで、九州場所前の新弟子検査に間に合い、私は力士への一歩を踏み出したのです。

平成五年初場所、本名の廣嶋《ひろしま》で序ノ口の番付に付いた私は、幸先よく序ノ口優勝。その年の十一月、四股名を「千代大海」と改めました。師匠の四股名「千代の富士」から「千代」をいただき、二つの故郷「大分」の「大」と「北海道」の「海」を入れた四股名は、母が考えてくれたものです。四股名を改めた翌場所、私は三段目で優勝。番付は一気に幕下上位まで上がりました。

私には夢がありました。ずっと心配と迷惑をかけ続けてきた母を安心させたい。ちゃんとした家を買ってあげたい。そのためには、一刻も早く十両に上がらなければ！目標は三年で十両。そう、固く決めていました。

その覚悟でしたので、稽古がキツいと感じることはなかったですね。柔道部での練習や暴走族時代のケンカに比べたら、自分が強くなるための相撲の稽古は身が入るし、やればやるほど強くなる実感が持てました。それと、中学時代から世間に出て仕事もしていましたから、兄弟子や目上の人と接することも、他の力士よりはスムーズにできるほうだったと思います。

尊敬する師匠のもとで力士生活を始めて二年半。ついにチャンスがやってきました。七年夏場所、番付は東幕下筆頭。ここで勝ち越せば、十両に昇進できるのです。この場所は一番相撲から柄にもなく緊張した私は三番相撲を終えて、一勝二敗。けれども、ここで気持ちを切り替えた私は、四勝三敗で新十両昇進を決めます。十九歳になったばかり。目標の三年より少し早い昇進です。

最初にいただいた給料は、だいたい七十万円くらいでした。その当時は、銀行振込みじゃなく、相撲協会の事務所に受け取りに行くというスタイルだったのですが、私は給料袋の封を開けず、そのまま大分の母の元に送りました。

いきなり送られてきた現金に、母は驚いて、

「こんなことしなくていいのに……」

と言っていましたが、私はずっとそうしたいと思っていたんです。まあ、私がかけた苦労は、現金を送るくらいで済まされたとは思っていませんが、少しは恩返しがで

きたかな？　という感じですかね。

十両昇進後はヒジの負傷などもあって、二年ほど低迷。九年名古屋場所で十両優勝を果たして、ようやく翌場所の新入幕が決まりました。十両優勝の表彰状を師匠からいただいて、「これは、十両の卒業証書だな。二度と十両に戻ってくるんじゃないぞ」と声をかけられたことを、今でも鮮明に覚えています。

十両で長らくくすぶっていた私が、別人のようにパワーを発揮したのは、十年春場所からです。前頭筆頭で技能賞受賞から始まって、名古屋場所十一勝で技能賞、秋場所、関脇で九勝、九州場所、関脇で十勝。大関取りがかかった十一年初場所は十三勝で優勝し、一気に大関に昇進を決めたのです。

力士には、一気に強くなる時期というのがあるようですが、まさにこの一年は私にとって成長の時期だったわけです。

大関昇進と優勝を祝してのパレードが、大分市内でおこなわれた時のことは、一生忘れないでしょうね。

師匠と一緒にオープンカーに乗って、ＪＲ大分駅から県庁までのパレードには、十五万人もの人々が集まってくれました。中学時代、私がいつも迷惑をかけていた警察官の人たちが、オープンカーに群がる人々から警備してくれたのも感動ものでしたしね（笑）。

大関に上がってからは、足首の負傷や上腕三頭筋の負傷などを抱えながら、十四年名古屋場所で二回目の優勝、十五年春場所には三回目の優勝をすることもできました。

もちろん、その上（横綱）を目指す気持ちがなかったわけじゃないけれど、右ヒジを痛めたこともあって、思うような突っ張り相撲が取れなくなってしまった。そういう状況の中で、上を目指すのは難しかったというのが本音です。二十一年九州場所、左ヒザと左ヒジを負傷して途中休場、翌二十二年初場所は関脇に番付を下げました。関脇の地位で十勝すれば、翌場所大関に復帰できるのですが、初日稀勢の里《きせさと》、二日目北勝力《ほくとうりき》に負けて、三日目は長年一緒に大関を張ってきた魁皇関との対戦。「盟友」とも言える魁皇関と最後の相撲を取れるなら、自分の相撲人生は納得できると思いました。

「もう、十分やりました」

と師匠に引退の意志を伝えたら、

「今日（自分のところに）来ると思っていたよ。おつかれさん」

と言ってくれて……。心底ホッとしましたね。

丸十年の大関生活でしたけれど、大関というのは自分自身の体というか、生き様そのものだったと思っています。

「小説推理」令和元年（二〇一九）八、九月号掲載

琴欧洲勝紀《ことおうしゅうかつのり》

「謹んでお受けします。大関の名に恥じぬよう、稽古に精進いたします」

平成十七年九州場所後、私の大関昇進が決まり、昇進伝達式の時に使者に答えた口上です。

ブルガリアから日本にやってきて、十四年九州場所で初土俵を踏んでから、まだ三年。

力士になった時には、毎日が必死でまさか三年で大関に昇進するなどとは、考えてもいなかった私。この頃はまだ、私は日本語をうまく話せる自信がなくて、新しく師匠になった兄弟子にあたる元琴《こと》ノ若《わか》関に、口上をローマ字で書いてもらって、必死で覚えました。所要十九場所での大関昇進は、史上最速だったそうです。

十七年名古屋場所、帰り三役（小結）で十二勝を挙げた私は、横綱・朝青龍戦での勝利を評価されて、殊勲賞を受賞。翌秋場所では、十三勝二敗同士で、朝青龍関と優

勝決定戦をおこなったのですが、優勝を逃してしまいました。

三役で連続して、十二勝、十三勝の白星を挙げたため、ほんのちょっと前まで平幕だった私は、大関候補の最有力力士となったのです。

当時の師匠（元横綱・琴櫻《ことざくら》）からは、

「欧洲、このチャンスを絶対に逃すなよ！」

と、檄を飛ばされていました。過去に「大関候補」と呼ばれた力士は大勢いる。けれども、実際に大関になった人は、一握り。チャンスは何度も来るものじゃないのだから……と、熱心に語る師匠。師匠と出会っていなければ、日本で力士になるという道も開けなかったわけで、師匠への恩返しのためにも、九州場所では大関の座をつかもうと、私も必死でした。

ところが、初日、極度の緊張から体が動かず、平幕・垣添《かきぞえ》に黒星を喫した私は、な

琴欧洲勝紀。本名、安藤カロヤン。昭和58年、ブルガリア・ヴェリコ・タルノヴォ市出身。平成14年九州場所、初土俵。16年夏場所、新十両昇進。秋場所、新入幕。18年初場所、大関昇進。20年夏場所、初優勝。26年春場所、引退。現在は、鳴戸部屋の師匠を務めている。優勝1回、殊勲賞2回、敢闘賞3回。202センチ、155キロ。得意は、右四つ、寄り、上手投げ。佐渡ヶ嶽部屋。

[大関までの道のり]

昭和58年 2月	ブルガリアに生まれる
平成14年11月	佐渡ヶ嶽部屋に入門
16年 5月	新十両昇進
9月	新入幕
17年 3月	新三役（小結）昇進
18年 1月	大関昇進
26年 1月	大関陥落
3月	現役引退

んだかイヤ〜な気分に陥っていました。翌二日目は出足があって、苦手意識のある普《ふ》天王《てんおう》戦。すると、二日目の昼ごろ、宿舎でチャンコを食べていると、「普天王、休場」のニュースが流れてきたのです。

「オッ、ラッキー！」

戦わずして、白星をいただける不戦勝に、私は気分をよくし、翌日から元大関らの実力者に勝ち、終わってみれば十一勝を挙げることができたのです。

じつは、この九州場所中に、師匠が定年を迎えることになっていました。それに伴い、兄弟子の琴ノ若関が現役を引退し、新しく部屋の師匠に就任。そうした事情があって、大関昇進の使者は、新旧二人の師匠と共に迎えることとなりました。

本当に恩返しができた！

故郷・ブルガリアのテレビの前で応援してくれていた両親にも、大関昇進の報告ができた私は、達成感でいっぱいでした。

この時私は、本当の意味で「大関」という地位がどういうものか、わかっていなかったように思います。その後、七年にもわたって大関を張る中で、私はいろいろなことを学んでいきました。

私が生まれたのは、ブルガリアのヴェリコ・タルノヴォ市。ブルガリアの北部に位置していて、首都のソフィアから二百五十キロ近く離れた小さくて、のどかな町です。少年時代の私は、サッカーやバスケット、バレーなどのスポーツをしていたのですが、アトランタ五輪で金メダルを獲った、ブルガリア出身のバレンティン・ヨルダノフ選手に憧れて、十二歳の頃にレスリングクラブで練習を積むようになりました。高校生の時には、フリースタイルでジュニアチャンピオンになり、大学は国立スポーツアカデミーに進んで、レスリングを続けました。

将来の夢は、もちろんオリンピック選手。大学のレスリング部のレベルは高く、皆がオリンピックやワールドカップ出場を狙っているという状況でしたね。体育館でレスリング部の練習が終わると、相撲部の練習の時間でした。

相撲と言っても、土俵があるわけではなくて、レスリングのマットの上にシートを敷いて、土俵に見立てたところで、まわしを締めた部員たちが練習していました。

ある日のことです。相撲部の友人から誘われた私は、助っ人として、学内の相撲大会に出ることになりました。相撲の経験はないものの、私は当時体重が百三十キロくらいあったので、ある程度自信がありました。ところが、なんと小柄な学生に負けてしまったのです。

エッ？　なんで？

とても不思議だったし、この「負け」によって、私は相撲という競技に引き付けられていきました。

その後、レスリング部に所属しながら、相撲部の練習もこなした私は、ドイツオープン相撲選手権で優勝、さらにヨーロッパ相撲選手権で個人戦で三位、団体戦で優勝という成績を収めるのです。

「キミがカロヤンくんかい？」

大会の会場で声をかけてきたのは、日本人の中年男性でした。

「日本に行って、力士になってみないか？」

私にとって、想像だにしない言葉でした。

ドイツ在住の中本淑郎さんというこの男性は、以前、佐渡《さど》ヶ嶽《たけ》部屋で床山《とこやま》をしていた方で、その後、ドイツで相撲の指導をしていました。

中本さんや相撲部の先輩によると、日本の大相撲はプロとして成立しているとのこと。つまり私は「プロ入りしないか？」とスカウトを受けたということだとわかりました。

その時、ちょうど夏休み中だったこともあって、私は気軽な気持ちで中本さんらと共に日本に行ってみることにしました。日本、そして大都会の東京というところがどんなところか興味があったし、大相撲の体験入門をしてみるのも悪くない……そんな感じだったのです。

成田空港から佐渡ヶ嶽部屋へ向かう車の中で、私は戸惑っていました。東京のほうに向かっていると説明を受けたのですが、いつまで経っても高層ビルなどは見えてこない。それどころか、畑のようなところばかりを走って、着いたのが千葉県松戸市にある佐渡ヶ嶽部屋だったのです。

佐渡ヶ嶽親方に挨拶をして、翌日から部屋の力士と一緒に稽古をしました。稽古といっても、相撲の基礎、四股、テッポウなどが中心でしたが、ブルガリアの大学の相撲部では教えてもらえないような内容でした。

こうして一週間ほどが過ぎて、中本さんは私にこう言いました。

「カロヤン、このまま日本に残って、力士になるんだろう？」

あれっ？　という感じでしたね。私は夏休みにあくまで大相撲の世界を体験しに来たという感覚でしたから……。でも、周囲の人たちは、私はこのまま入門するものと思っている。

この数日のうちに、私の心の内に「力士になりたい」という思いが湧いてきたことも事実でしたが、大学、両親にも自分の考えをしっかり話しておかなければ……と思っていました。そこで私は、いったんブルガリアに戻ることにしたのです。日本から戻った私は、両親、大学関係者に事情を説明。父は、
「自分で決めたことなんだから、がんばってこい！」
と背中を押してくれましたが、母は私がブルガリアを離れることに反対していました。けれども、日本で力士になることは、自分で決めた道。必ず成功して、近い将来、両親に喜んでもらいたいと思っていました。

こうして私は、平成十四年九月に再来日し、十一月、新弟子検査を受けました。この時、私の体格は、二百二センチ、百二十七キロ。以前、身長を計った時は、二百五センチくらいあったので、「あれっ？　縮んだかな？」と思ったのですが、計測係の九重親方（元横綱・千代の富士）が、踏み台に乗って私の身長を計ってくださったのが印象的でした。

四股名は、「琴欧州」。部屋ゆかりの「琴」にヨーロッパの「欧州」を組み合わせたものですが、当時、四股名の意味などは正直、あまり理解できませんでした。

翌十五年初場所、序ノ口に番付が載った私は、七戦全勝で優勝。春場所では足の負傷で休場を進言されながら、強行出場して、六勝。

秋場所では、幕下に昇進することができたのですが、ここで私の「難敵」になった

のが、十七歳の萩原（のち横綱・稀勢の里）です。初対戦から二連敗。幕下二枚目につけた十六年春場所では、リベンジしましたが、彼とはその後、幾度となく対戦。この時のイメージを引きずったわけでもないのですが、あまり得意な力士じゃなかったかな（笑）。

所要九場所での十両昇進（十六年夏場所）も、萩原と同時でした。翌場所、十両優勝し、秋場所では新入幕。私は入門が十九歳と遅かったので、とにかく「一場所でも早く上に行きたい」という気持ちで、稽古の他に筋トレにも力を入れていました。そうした努力も実って、私は入門から三年、十八年初場所で大関に昇進することができました。

ですが、大関という地位は、甘いものじゃなかった。「勝つ」ことがあたり前の、責任のある地位。今思えば、昇進してすぐの頃の私は、大関が何かということをわかっていなかったのだと思います。また、当時、そうしたことを、本音で教えてくれる人もいなかったように思います。

一年近く成績が低迷した私は、四股名を「琴欧州」から「琴欧洲」へと変えました。ところが、翌十九年八月、入門以来かわいがっていただいた、先代師匠（元横綱・琴櫻）が急逝。九州場所には、右ヒザのケガを悪化させてしまい、入門以来、初めての休場に追い込まれます。さらに、翌年春場所には、上腕二頭筋を負傷し、休場。大関は二場所連続負け越すと、その座から陥落してしまうという規定があるため、私は短期間の間に、二度もカド番に追い込まれたわけです。

この時、私は二十五歳と若かった。私をこの世界に導いてくれた先代のためにも、そして、大関の意地にかけても、成績を残さなければ――。その思いだけでしたね。

幸い、ケガは順調に回復していました。こうして迎えた二十年夏場所、私は初日から十二連勝。横綱、朝青龍、白鵬、大関の把瑠都、さらには、稀勢の里から白星を挙げたことはおおいに自信になりました。十三日目は、今年（令和元年）の名古屋場所限りで引退した、安美錦《あみにしき》戦です。相撲巧者で、なにをしてくるかわからない安美錦関は、ちょっと苦手でしたね。この日は、三回目の立ち合いで、一方的な押し出しに黒星を喫した私。けれども、十四日目、安馬《あま》（のちの横綱・日馬富士《はるまふじ》）に勝ったことで、私の初優勝が決まったのです。

「やったぞ！」

勝ち名乗りを受けながら、私は心の中でガッツポーズをしていました。ヨーロッパ出身力士として、初めての優勝。ブルガリアから駆け付けていた父と、花道の奥で抱き合い、涙を流したことは、本当にいい思い出です。

「大関」としての私の闘いは、それから長く続きました。毎場所、毎場所、「勝たなければいけない」プレッシャー。大関とは、とにかく勝たなければいけないのです。二十三年夏場所ではヒザの負傷、秋場所ではヒジの負傷で途中休場するなど、振り返ってみれば、大関であり続けることに必死だったように思います。

先日終わった（令和元年）秋場所では、両横綱をはじめとする、のべ九人の関取が休場しました。いくら用心していても、力士はケガをする確率が高い仕事です。二カ月に一度の本場所に加えて、その間には、私が現役時代には考えられないほどの地方巡業がビッチリ組まれている。これじゃあ、力士たちはケガを治す時間がないですよ。無理をして、本場所に出るから、ケガは治らないばかりか、悪化してしまう。力士は、相撲界全体で守るものじゃないのかな？　これは、私がずっと感じていた疑問ですし、今の現役力士もそう思っているはずです。

二十五年九州場所、肩の負傷で二場所連続途中休場した私は、関脇に陥落。二十六年春場所は、十勝すれば大関に復帰できるという規定があったのですが、私は九日目に負け越し。十日目の対戦相手は白鵬でした。

「もう、悔いはない」

正直、そんな思いでしたね。勝負師として目標が持てない。気持ちが切れてしまった状態で土俵に上がるのは、失礼ですから……。また、一月に親方になるために日本国籍を取得したことも大きかったです。

この場所限りで引退し、年寄・琴欧洲になった私は、その後、年寄・鳴戸を襲名。二十九年四月、東京・墨田区に、鳴戸部屋を創設しました。先代からも、「大関になったら、独立して（部屋を興して）いいぞ！」と言われていたので、「引退後は、自分の部屋を持ちたい」と、考えていました。

今年六月、東京スカイツリーの近くに、新しい部屋が完成しました。七月の名古屋場所では、序ノ口の優勝決定戦が、私の部屋の力士三人の巴戦でおこなわれました。同部屋での巴戦の決定戦は、史上初めてのことです。

三年目を迎えた鳴戸部屋は、ようやく軌道に乗ってきたところです。私は新しい夢に向かって、毎日燃えています。

「小説推理」令和元年（二〇一九）十、十一月号掲載

琴奨菊和弘《ことしょうぎくかずひろ》

平成二十八年初場所――。

琴奨菊和弘

初日から体がよく動いていた私は、順調に白星を重ねていました。

じつは、その前の場所（二十七年九州場所）は、後半戦で足をケガして、十四日目から途中休場。大事を取って冬巡業も休んで、治療に専念していたんです。

そんな状況だっただけに、勝ち込んでいくうちに、「行けるぞ！」という自信も湧いてきました。十日目、横綱・鶴竜関から白星、十一日目は、それまで全勝だった白鵬関に土をつけ、十二日目は日馬富士関に快勝と、三横綱を撃破。こうして迎えた十三日目は、小学生時代からのライバル、同期生でもある豊ノ島との対戦が組まれました。

「初優勝」の文字が、チラチラ頭をよぎります。そういう邪念もあったのでしょう。豊ノ島を土俵際まで追い詰めた私は、あと一歩のところで逆転のとったりを食い、一

[プロフィール]
琴奨菊和弘。本名、菊次一弘。昭和59年1月30日、福岡県柳川市出身。明徳義塾中3年で中学横綱に輝き、同高を経て、平成14年初場所、初土俵。16年名古屋場所、新十両昇進、17年初場所、新入幕。23年九州場所、大関昇進。28年初場所、初優勝。29年春場所、大関陥落。優勝1回、殊勲賞3回、技能賞4回、金星3個。180センチ、172キロ。得意は、左四つ、がぶり寄り。佐渡ヶ嶽部屋。
[大関への道のり]

昭和59年	1月	福岡県で生まれる
平成14年	1月	佐渡ヶ嶽部屋に入門
16年	7月	新十両昇進
17年	1月	新入幕
19年	3月	新三役昇進
23年	11月	大関昇進
28年	1月	初優勝
29年	3月	大関陥落

敗を喫します。

悔しい！　なんてものじゃありませんよ。

相撲が終わって支度部屋に引き上げた私は、悔しさのあまり、大声を上げてしまったほどでした。初めて番付についた序ノ口の時も、豊ノ島（当時、梶原）に負けて、優勝をさらわれてしまった。大事な場面で、ことごとく邪魔をしてくれる男ですよ、豊ノ島は……（笑）。

逆に、この黒星で目が醒めた部分もあったかもしれません。十四日目、明徳義塾高の後輩・栃煌山《とちおうざん》を寄り切り、千秋楽は大関・豪栄道《ごうえいどう》戦。前日、一敗の白鵬関が二敗に後退したので、豪栄道戦に勝てば、私の優勝。もし敗れてしまえば、決定戦にもつれ込む……という展開です。

「一発で決めたい！」

その一心でしたね。

豪栄道戦は、得意の左四つに組み止めて、勢いに任せて、突き落としの勝利。

その瞬間、私の初優勝が決まりました。大関に昇進して、四年ちょっと。負傷などもあり、優勝にはなかなか手が届かず、悔しい思いをしていました。でも、ここ数場所は、「今場所、優勝するぞ！」と声に出して言うことで、自分にハッパをかけていたんです。いわば、言霊の力ですね。

優勝を決めた後の土俵下でのインタビューでは、

「言葉に表せないくらい、うれしいです。やるべきことをしっかりやって、おのずと結果が出た。本当にうれしかったです！」

と答えましたが、「心技体」が整ったからこそつかんだ優勝だったと思います。

この優勝は、別の意味でも話題になりました。それは、日本出身力士の優勝は栃東関（現・玉ノ井親方）以来、じつに五十九場所ぶりだということ。十年近くに亘《わた》って、外国出身力士が優勝賜杯を抱き続けてきたというのも驚きでしたが、「日本人力士もがんばっているんだぞ！」というところを見せられたことはよかったと思います。

福岡県柳川市で生まれた私は、三人兄弟の末っ子。同居していた祖父にかわいがられて育ちました。体が大きかったため、小学三年生から、久留米市の相撲道場で相撲を始めた私に、祖父はビッグなプレゼントをくれました。それは、自宅の横に作った土俵です。小学校から帰ると、毎日祖父と一緒に、一日二時間の相撲の稽古をこなしていたこともあって、小学四年、五年、六年と三年連続して出場した「わんぱく相撲全国大会」でも、結果を残すことができました。

そして、さらなる高みを目指すという意味で、地元の中学ではなく、相撲の名門、高知の明徳義塾中学に進学することになったのです。まだ、十二歳の子どもです。母親は内心、「中学から『相撲留学』で、遠くに行かせなくても……」と思っていたそうですが、私は「強い人たちがいる環境で、相撲をやりたい！」と、やる気満々でした。

明徳義塾中相撲部の部員は、学校の敷地内にある寮で共同生活をします。稽古は、中学生だけでなく、高校生も一緒。私が中学に入った時、横綱・朝青龍関や、朝赤龍《あさせきりゅう》関（現・高砂親方）は高校生で、彼らのピリピリするような熱気のある稽古を見て、刺激を受けていました。

朝は寮から学校に通い、授業が終わると相撲の稽古。晩御飯を食べて、宿題を終わらせると、もう消灯の時間です。よく、「家族と離れて、寂しかったでしょう？」などと聞かれるのですが、正直、「寂しい」と感じているヒマがなかったというか……。覚えること、こなすことがたくさんあり過ぎて、無我夢中のうちに毎日が過ぎていったという感じですね。

先輩たちに稽古で鍛えられた結果が出たのは、中学三年の時。全国大会で優勝して「中学横綱」になったときは、うれしかったなぁ。この頃、同じ高知県内で強かったのが、梶原（後の豊ノ島）。宿毛《すくも》高時代は、国体で団体優勝をしたりと彼の活躍は、いつも気になっていましたね。

そうそう、高校時代は周囲からの勧めで、生徒会長も務めていたんですよ（笑）。明徳義塾は、私を含めて、全国から生徒が集まっていて、いろいろなタイプの人がいた。今は全国に友だちが散らばっているから、巡業などで全国を回ると、各地で当時の思い出話ができるのもいいですね。

高校を終えたら、大相撲にチャレンジすることは、前から決めていました。部屋は、子どもの頃から声をかけていただいていた佐渡ヶ嶽部屋。梶原は、身長が規定に満たないため、第二新弟子検査を経て、時津風部屋への入門を決めました。

十四年初場所、初土俵を踏んだ私の四股名は、本名から、琴菊次《ことぎくつぎ》。三月の春場所では、序ノ口で梶原との対戦に負けて、六勝一敗。序二段に上がった翌夏場所は、七戦全勝。ところが、梶原も全勝だったため、優勝決定戦になり、またもや私の敗戦となってしまいました。三段目は二場所で通過して、十一月の九州場所で幕下に上がったのですが、そこからなかなか番付が上がらず、プロの壁にぶつかります。

その頃、佐渡ヶ嶽部屋に、ブルガリアからやってきた新弟子・琴欧州（のち、琴欧洲）が入門。身長二メートル超えの新弟子は、力が強くて、稽古熱心。ハングリー精神の塊のような琴欧州は、序ノ口でいきなり優勝。その後も、ものすごいスピードで番付を上げてきて、私はアッという間に追いつかれてしまいました。そして私は、十六年初場所、四股名を「琴奨菊」と改めました。これは、「人から尊敬される力士になれ」という先代師匠（元横綱・琴櫻）の思いが込められている四股名です。

部屋での日々の稽古は、熾烈を極めていました。そうして、琴欧州は、十六年夏場所、所要八場所で新十両に昇進。豊ノ島も同時に十両に昇進しました。

ライバル、そして後輩に先を越された私は、闘志に火が付きました。そして、五月の夏場所、幕下五枚目に番付を上げた私は、新十両昇進のチャンスを迎えていました。

十六年夏場所では、幕下五枚目まで番付を上げて、十両昇進のチャンスが巡ってきました。同期生の豊ノ島（現・十両）、同じ部屋の後輩、琴欧州（当時＝現・鳴戸親方）は、この夏場所、新十両として土俵に上がっています。

一気に決めてやる！

気合いが入っていた私は、九日目に勝ち越し（四勝）ましたが、五枚目の場合、十両昇進のためには五勝以上が必要。千秋楽、一九七センチの長身・芳東《よしあずま》に勝って五勝を挙げた私は、運を天に任せました。

翌名古屋場所での新十両が決まった私は、三場所で十両を通過。十七年初場所では新入幕を果たします。けれども、私の所属する佐渡ヶ嶽部屋には、この時、小結・琴光喜関、前頭上位に琴ノ若関（現・佐渡ヶ嶽親方）、琴欧州という、体が大きく、強い力士がひしめいていて、私はこうした力士を相手に、毎日の稽古をこなすだけで精一杯。また、先代師匠（元横綱・琴櫻）は、稽古場では本当に厳しい人でしたから、私は日々怒られていましたね。

そんなわけで、十九年春場所、関脇に昇進した時はうれしかったんですけど、この地位を維持していくのは大変だ……と、実感しました。以来、三役に上がっても、なかなか定着できずにいたのです。

二十三年初場所は、関脇で十一勝を挙げて、久しぶりに技能賞をいただきました。ところが、この直後から、さまざまな出来事が起こります。八百長問題で春場所が中止になり、三月十一日には、東日本大震災に見舞われます。夏場所は「技量審査場所」として、観客を入れない中での本場所の開催――。相撲界に暗いムードが漂っている感じでした。

（十両以上の）関取衆で作っている「力士会」では、街頭募金を集め、六月には被災地に出向いてチャンコ鍋を振る舞い、被災地のみなさんから、力士たちも力をいただきました。

技量審査場所で十勝したため、翌名古屋場所、「大関取り」のかかった私でしたが、十一勝止まり（三場所で三十三勝以上の規定があるため）。大関昇進は、秋場所に持ち越しとなってしまいました。

力士になって十年目、二十七歳。私の得意は、がぶり寄りです。立ち合いから一気に寄っていくことに、全精力を傾けています。体も大きくなく、多彩な技を持つわけでもない私は、ここで勝負を賭けなければ、「大関昇進」のチャンスなど、そう何度も巡ってはこない――。

秋場所は、初日から七連勝。十三日目には、横綱・白鵬関にも勝って、千秋楽まで白鵬関と優勝を争うという展開になったのです。千秋楽、大関・把瑠都に敗れて、優勝は逃してしまいましたが、十二勝を挙げた私は、場所後、大関に推挙されます。

「大関の地位を汚さぬよう、『万里一空《ばんりいっくう》』の境地を求めて、日々努力精進いたします」

この口上の中の「万里一空」とは、「すべての理《ことわり》は、一つの空に帰する」。つまり、「どんな努力も目指す先は一つ。目標を見失うことなく、努力していく」という意味です。

新大関で迎えた翌九州場所、大関は把瑠都、日馬富士関、琴欧洲、私の四人。翌二十四年初場所で、稀勢の里が大関に昇進したため、五大関に。さらに、夏場所では鶴竜関が大関となったため、六大関時代がやってきたのです。ちなみに、六大関は史上最多数です。

まさに戦国時代。誰もが次の地位（横綱）を目指すために、優勝をねらっていると いうのに、一年は六場所制ですから、仮に大関が一人ずつ優勝できたとしても、一回。 さらに上には、優勝回数を積み重ねている横綱・白鵬関がいるのですから、私にとっ ても必死の土俵になっていました。

ですが、この六大関時代は、長くは続きませんでした。この年の九州場所で日馬富士関が横綱に昇進。初場所で、把瑠都が関脇に陥落したため、二十五年初場所は、再び四大関に戻りました。

目まぐるしく状況が変わる中、私はヒザ、大胸筋の負傷で休場も経験しました。大関は二場所連続して負け越すと、大関陥落となってしまいますから、休場したり、負け越しても、次の場所は、とにかく出場して勝ち越すことが必要となるのです。

そんな苦しい土俵が続いていたのですが、二十八年初場所、三十二歳で初優勝できたことは、本当にうれしかったです。場所後に、結婚式を控えていたことも励みになったし、「絶対に優勝するぞ！」という強い思いがありました。

でも、その年の名古屋場所、再びヒザを痛めてしまって……。九州場所、二十九年初場所と二場所連続の負け越しを喫し、春場所、関脇に陥落。この場所で十勝を挙げれば大関復帰が叶ったのですが、九勝であと一勝、届かなかった。

その後も、私は「大関への復帰」を諦めたことはないんです。大関という地位は、相撲協会の看板ですし、出席しなければいけない行事も多い。土俵での勝ち負けだけでなく、普段の立ち振る舞いも、皆さんから見られていますから、緊張感が違います。

そもそも、大関昇進の規定を作った人は、「すごい」と私は感じているんですよ。幕内力士が、何かの拍子に十一、二勝を挙げることはできると思うのですが、三場所連続して十一勝以上（三十三勝以上）を挙げないと大関になれないというシステム。三場所は六カ月間ですから、半年に亘って好調をキープしなければならない。こうしたハードな条件をクリアした者にしか張れないのが、大関の地位なんです。

今、私は三十五歳。幕内最年長となりました（令和二年十一月引退）。若い頃は、相撲についてあれこれ考え過ぎていましたが、経験を積んだ今は、相撲のすべてを楽しもうという気持ちになっています。

また、これは私の持論なのですが、私を始めとした昭和生まれの力士は、体の基礎がしっかりしているので、逆境の中でも、這い上がることができる。けれども、平成生まれの力士は、フィジカルは高いけれど、基礎ができていないから、壊れやすい。つまり、パワーはあるけれど、ケガもしやすい。二十四日に千秋楽を迎えた九州場所で、多くの休場者が出てしまった原因は、そういうところにもあるんじゃないのかな？

力士は日々、自分との戦いです。勝っておごりの心が出ないよう、それを抑えながら、相撲を取っていきたいと思っています。

「小説推理」令和元年（二〇一九）十二月号、令和二年（二〇二〇）一月号掲載

雅山哲士《みやびやまてつし》

明治大学を三年で中退して、平成十年、以前からの夢だった大相撲の世界に飛び込んだ私。

幕下付け出し（六十枚目格）で初土俵を踏んで、二場所で十両に昇進。さらに十両を二場所で通過して、入門から一年弱で幕内力士になった私は、ちょん髷も結えない「ザンバラ」力士でした。

短期間でここまで番付を上げることができたのは、父の存在が大きかったと思います。私が、「大学を辞めて、力士になりたい」と告げた時、父はこう言いました。

「たとえ相撲を辞めても、おまえが帰ってくる場所はないぞ！」

撮影／本誌・小島愛子

男同士、私の夢を理解してくれると思っていた父の意外な言葉。茨城県内で事業をやっていた父は、長男の私には、いずれ同じ道に進んでほしいという希望があったようなのですが、相撲の世界に進んで結果的に失敗して、地元に帰ってくるようなことは恥ずかしいと考えていたのです。

ですから私は、

「たとえ相撲で失敗しても、親父に迷惑はかけない。入門を許してください」

思いのたけを、父にぶつけました。アマチュアで実績があったとしても、大相撲という特殊な世界で、成功するとは限りません。

「それでもチャレンジしたい！」

そうした私の覚悟を最終的に認めてくれた父。父の反対を押し切る形で力士になった私には、絶対にがんばらなければならない理由があったのです。

[プロフィール]
雅山哲士。本名、竹内雅人。昭和52年、茨城県水戸市出身。明治大学を中退し、平成10年名古屋場所、幕下付け出しで初土俵。九州場所、十両昇進、11年春場所、新入幕で敢闘賞を受賞。12年名古屋場所、大関昇進。13年九州場所大関陥落。25年春場所、引退、年寄・二子山を襲名。30年4月、埼玉県所沢市に二子山部屋を創設。殊勲賞2回、敢闘賞5回、技能賞1回。187センチ、185キロ。得意は突き押し、右四つ寄り。武蔵川部屋。

[大関までの道のり]

昭和52年 7月	茨城県に生まれる
平成10年 7月	武蔵川部屋に入門
11月	新十両昇進
11年 3月	新入幕
12年 7月	大関昇進
13年11月	大関陥落
25年 3月	現役引退

私が入門した武蔵川部屋は、活気に満ちあふれた部屋でした。大関・武蔵丸関（現・武蔵川親方）、同郷で高校の先輩にあたる武双山関（現・藤島《ふじしま》親方）、中央大学出身の出島関（現・大鳴戸《おおなると》親方）、たたき上げの和歌乃山関がいらして、稽古場でいろいろなタイプの先輩方と稽古できるという恵まれた環境でした。私が所要四場所というスピードで幕内に上がれたのも、厳しい稽古場で先輩方に揉まれたことが大きかったですね。

こうした私についたニックネームは、「平成の新怪物」。つい一年ほど前までは大学生で、テレビ画面で見ていた関取衆と毎日対戦が組まれる幕内の土俵は緊張の連続でした。

新入幕でいきなり前頭七枚目となった私は、後半戦、次々に先輩力士の洗礼を受けることになります。

十一日目に大関・貴ノ浪関、十二日目に三役の常連・安芸乃島関、十三日目に小結・魁皇関、そして千秋楽に貴闘力関と対戦して、いずれも敗戦。特に、二子山部屋所属の三力士からは、「新入幕の雅山なんかに負けられるか！」という強烈なオーラが漂ってきて、これこそがプロの世界なのだと思い知らされました。

実際、貴ノ浪関は十一日目の取組後に記者に囲まれて、「まだ髷もつけていない力士に負けるわけにはいかない」というコメントを残しています。翌日の新聞で、このコメントを見た私は、とてもうれしかったです。これは後から思ったのですが、新入幕のこの場所、なにかの拍子で大関から白星を挙げていたら、私の相撲人生は勘違いしたものになっていたかもしれない……。それくらい、この一番は大きいものでした。

入幕二場所目となる翌場所、ようやく小さなちょん髷を結った私は、見た目もちょっとだけ力士らしくなってきました。前頭二枚目に番付を上げた私は、この場所、入門以来初めて負け越しを経験します。特に上位陣にはまったく勝てず、実力不足を思い知りました。

こうして幕内の土俵で揉まれること一年。新関脇として臨んだ十二年春場所、私はやっと大銀杏を結って土俵に上がりました。床山さんが丹精込めて結ってくれる大銀杏こそ、関取の象徴。すると、二日目、横綱・若乃花関から勝利。さらに、五日目には横綱・曙関にも勝って、三敗のまま千秋楽を迎えることになったのです。

この場所、優勝争いをリードしていたのは、前頭十四枚目、幕尻まで番付を下げていた三十二歳の貴闘力関です。貴闘力関は、初日から十二連勝。十三、十四日目に武蔵丸関、曙関に敗れて二敗になったのですが、依然、優勝戦線のトップを走っていました。

そして千秋楽――。二敗の貴闘力関と三敗の私の取組が組まれました。もし私が勝てば、優勝決定戦に持ち込まれる、大一番です。

ベテランの貴闘力関の幕尻優勝か、新鋭の私の初優勝なるか――。この時の大阪府立体育会館の異様な雰囲気は、今でも忘れることができません。

三十二歳の貴闘力関と若手二十二歳の私とのこの対戦、観客のみなさんからしたら、私のほうに勢いがあるように見えたかもしれません。でも、「ここ一番の勝負」というのは違うのです。

立ち合い、思い切り当たっていった私は土俵際まで貴闘力関を押し込んだものの、土俵際で逆転されてしまいます。四秒ほどの短い相撲でしたが、内容は濃かったです。

「昨日今日入ったばかりの、雅山には負けられない！」

大ベテランのプロ根性はすごかったですね。優勝が決まった瞬間、貴闘力関は土俵下で男泣きに泣いていました。精一杯戦った私に悔いはありませんでした。

茨城県水戸市出身の私は、生まれた時の体重が四千五百グラム。ビッグサイズの私を見るために、家にお客さんが大勢やってきたそうですが、母によると、そんな中でも物おじすることなく、ゴクゴクとミルクを飲んでは眠る「手がかからない子ども」だったそうです。

小学六年生の時です。水戸市の市政百周年記念行事としておこなわれたのが、少年相撲大会でした。私はもともと力士の四股名を漢字で書けるくらい相撲が好きで体も大きかったため、担任の先生から、「相撲の大会に出てみないか？」と誘われたのです。

「大会で勝ったら、焼肉をいっぱい食べさせてあげるよ！」

食いしん坊の私は、この言葉に乗せられてしまったんですね（笑）。両親からは、「同級生と相撲を取ったら、相手がケガをするかもしれないから禁止」と言われていたので、練習相手は高齢だった担任の先生。何度も先生に向かっていった私ですが、一度も勝てない。

相撲経験者でもない先生が、小学生の私に対して決して手を抜かなかったのは、「妥協しない」ことを私に教え込ませたかったからじゃないかと気づいたのは、だいぶ後になってからのことです。

これまで相撲を見る側だった私でしたが、少年相撲大会で優勝したことで「相撲を取って勝つ」という楽しさに目覚めたのです。

「中学になったら、相撲部に入ったらいいんじゃないか？」

担任の先生に勧められた私は、見川《みがわ》中学に進むと、柔道部に籍を置きながら、了承を取って相撲の大会にも出ていました。その私に、声をかけてくださったのが、相撲指導者の尾曽《おそ》正人さんでした。尾曽さんの長男・武人《たけひと》さん（のち大関・武双山＝現・藤島親方）は高校横綱で、その父親である正人さんは有名な指導者です。その尾曽さんから、

「本気で相撲をやる気があるのなら、連絡してきなさい」

と言っていただき、その後、水戸農業高校相撲部の土俵で指導を受けることになります。

水戸農高での相撲の稽古に加えて、シーズンオフには筋トレに励み、中学三年生では、中学横綱になることができました。尾曽さんの指導は押しつけるのではなく、自分で考えさせるというもの。作戦を自分で考え、自分で勝負の責任を負うという指導法は、私の性格に合っていたのだと思います。

水戸農高に進むと、私はさらに相撲に没頭。週三、四回はジムに通い、ドイツ人のトレーナーと相撲に必要な筋肉を鍛えました。高校時代もそこそこ成績を残せたのですが、中学時代からのライバル、東京の岡部新《あらた》（のち関脇・玉乃島《たまのしま》＝現・放駒《はなれごま》親方）には、大切な場面で負けていました。

大学ではリベンジを！　岡部は東洋大、私は明治大で相撲を続けたのですが、岡部

は大学を二年で中退し、大相撲の世界へ。ライバルに置いていかれたような焦りを感じた私は、大学三年の時、大相撲の世界に飛び込むことになったのです。

父親の反対を押し切って入門した意地がありました。関脇で迎えた平成十二年春場所には、ベテラン・貴闘力関と優勝争いを演じ（十一勝四敗）、翌夏場所では早くも「大関獲り」がかかることとなりました。

所属する武蔵川部屋は、武蔵丸関の横綱昇進、出島関の大関昇進、武双山関の大関昇進と、昇進ラッシュが続いています。そんな中、今度は入門二年弱の私が「大関獲り」とメディアで騒いでいただきましたが、正直、この時点ではピンと来なかったですね。

初日、ベテラン・濱《はま》ノ嶋《しま》関に長い相撲で勝ち、二日目も曲者《くせもの》・旭鷲山関に勝った私は波に乗り、千秋楽は大関・貴ノ浪関から白星を挙げて、十一勝。三場所の合計勝ち星を三十四勝として、大関昇進基準（三十三勝）を上回ることができたのです。

基準はクリアしていますが、私の昇進に関しては「時期尚早」という意見も、少なからずあったようでした。

「大関の名を汚さぬよう、初心を忘れず、相撲道に精進、努力いたします」

伝達式の口上では、私の好きな言葉「初心」を入れました。「初心を忘れるな」とは、尾曽さんからよく言われていた言葉です。初心を大切にして、どんどん上を目指したいという思いで、尾曽さんと相談して決めた口上でした。二十二歳。初土俵から所要十二場所での大関昇進は、史上一位タイと聞いて、身が引き締まる思いでしたね。

ところが、新大関として迎えた名古屋場所初日、栃東関との相撲で私は肩を負傷してしまいます。結果的に、この右肩のケガは大打撃となり、六勝九敗と負け越し。翌秋場所は勝ち越したのですが、その後も二ケタの勝ち星を残すことができなかった。

思うように勝てない私に対して、周囲の目がどんどん厳しくなっていきます。十三年名古屋場所は、皆勤したものの負け越し。翌秋場所は、カド番で迎えることになりました。九日目は、海鵬関との一番。この相撲で私は左足首を脱臼し、全治二カ月の診断を下されて、途中休場。結果的に負け越してしまいます。

関脇陥落が決まったのですが、当時は「公傷制度」があって、休場しても一場所は関脇の地位に留まることができました。つまり、翌年初場所、関脇の座で十勝を挙げれば、大関復帰の道が拓けるというもの。足首は徐々に回復してきていたので、私は初場所に賭けようと張り切っていました。

ところが、検査のために受診した病院で、肩の故障が見つかってしまったのです。

「今手術をしなければ、今後の生活にも響く」医師からこう告げられた私は、本当に悩みました。手術をすれば、初場所は休場。大関復帰は、振り出しに戻ってしまうわけですからね……。でも、たとえ平幕に落ちたとしても、自分はそこから必ず這い上がる！

気持ちは決まり、二場所連続で休場した私は、春場所、前頭八枚目からの再スタートを切りました。

百七十四日ぶりに立った土俵での対戦相手は、玉春日関。なんとか白星を挙げて、観客の人たちから拍手をいただき、私は感激して、花道を引き上げる時に、号泣してしまいました。相撲に勝って泣いたというのは、初めてのことです。相撲が取れる喜び。自分がこういう場にいたことを、初めて実感した時だったかもしれませんね。

以来、大関に復帰するんだ！　という気持ちを忘れたことはなかったつもりです。大関にスピード昇進したものの成績を残せず、周りからいろいろ言われて、ケガで大関から陥落してしまった。周りからあれこれ言われる程度で潰れてしまう自分は、やはり大関としての力がなかったのだろうと思ったし、自分自身が情けなかったです。その反面、「落ちた」ことで少しホッとしている自分もいたように思います。

私はその後、三十五歳まで相撲を取り続けました。大関復帰は叶わなかったけれど、かつて私の前に立ちはだかった先輩力士のように、若手に対する門番のような役割を果たせたのではないかと思っています。

今振り返ってみると、入門して大関に上がるまでの二年間は、相撲をやっている中で一番楽しい時間でした。でも、「勝って当たり前」という大関の座は、本当に苦しかった。大関とは、常に優勝を狙える成績を残さなければならない、責任のある立場なのです。

二十五年春場所限りで引退した私は、三十年四月に藤島部屋から独立。埼玉県所沢市に二子山部屋を創設しました（現在は東京都葛飾区に移転）。今は、幕下・狼雅《ろうが》（現・十両）を筆頭に九人の弟子がいますが、そのほとんどが相撲の経験はありません。

力士は、朝七時過ぎからの稽古、昼のチャンコが終わった後は、消灯の十時まで基本的に自由時間にしています。意外とゆるいでしょう（笑）？

また、がんばった力士を食事に連れていったり、普段は甘いジュースを禁止にしている分、時にはスイーツを食べに行ったりと、私なりの工夫をしているつもりです。

かつて「二子山部屋」と言えば、若貴両横綱を輩出した名門部屋でした。そうした歴史に少しでも近づけるよう、親方業に邁進していきます。

「小説推理」令和二年（二〇二〇）二、三月号掲載

栃東大裕《とちあずまだいすけ》

私の父親は、昭和四十年代に活躍した栃東という力士です。最高位は関脇で、昭和四十七年初場所では、平幕優勝を果たしている技巧派――。

　ただ、私が生まれたのは、父の現役時代の最晩年。生まれて二カ月後の五十二年初場所で父は引退してしまったので、「父親がお相撲さん」という記憶はないんですよ(笑)。

引退した父は、春日野《かすがの》部屋の部屋付き親方として後進の指導をしていて、力士が家に来ることもありましたから、私にとって相撲は身近な存在だったと思います。

でも、小学生の頃、私が夢中だったのは野球。少年野球チームに入っていて、「将来はプロ野球選手になりたい」という夢を抱いていましたが、ちょこっと相撲もかじっていました。中学進学前のことです。父から、

「中学に入ったら、野球と相撲、どっちかに決めなさい」

と言われた私は、真剣に迷ってしまいました。

小学生に対して、この決断はずいぶん酷だと思いますが、子ども心に、「相撲を選

んだら父が喜ぶだろうな……」というのがわかったんですよね。母に相談してみたら、

「そうね。お父さんは、きっと喜ぶんじゃない？」

と言われてしまい——。

中学校は相撲の名門、明治大学中野中に進みました。明中相撲部と言えば、若花田関、貴花田関（当時）の母校としても有名ですし、他にもたくさんの強い力士や指導者を輩出しています。小学生の時から相撲をやっている部員が多いので、相撲をかじったくらいの経験しかない中一の私は、そのレベルについていくことができなかった。心配して様子を見にきた父も、「これが（力士だった）自分の息子なのか……」と情けなく思ったらしく、

「中二、中三になって体ができるまで、監督さんの言うことを聞いてがんばりなさ

[プロフィール]
栃東大裕。本名、志賀太祐。昭和51年11月9日、東京都墨田区出身。平成6年九州場所、初土俵。8年夏場所、新十両昇進。14年初場所、大関昇進、初優勝。16年名古屋場所関脇に陥落も、翌秋場所復帰。優勝3回、殊勲賞3回、敢闘賞2回、技能賞7回。180センチ、155キロ。得意は押し、右四つ、寄り。玉ノ井部屋。

[大関までの道のり]

平成 6年	11月	玉ノ井部屋に入門
8年	5月	新十両昇進
	11月	新入幕
14年	1月	大関昇進
16年	7月	大関陥落
	9月	大関復帰
17年	1月	大関陥落
	3月	大関復帰
19年	5月	現役引退

い」

と言い聞かされていました。

相撲部には百七十キロ以上ある先輩がいたり、上下関係、食事の面もとても厳しい。とにかくついていくしかないですから、必死でしたね。

それでも、相撲を嫌いになるということはありませんでした。中三になると、ある程度試合で勝つこともできるようになって、力士を夢見るようになっていました。昭和六十三年春場所、先輩の若貴兄弟が藤島部屋に入門して、破竹の勢いで出世しています。やっぱり、「カッコいいなぁ」と思うわけですよ。

「入門したいです」

と父に告げたのは、中三の冬頃だったでしょうか？　でも、父は厳しかった。

「監督さんにここまで育ててもらって、ちょっと成績を残せるようになったからと言って、『力士になります』じゃあ、失礼だ。高校三年まできちんと相撲をやりなさい」

今になってみれば、父の下した判断は正しかったと思います。まだ体も出来上がっていない私が力士になっても、ケガなどで苦しむのは目に見えています。高校で体を作って、もっと練習を積んでからでも遅くない……と。

高校三年の時には、念願だった「高校横綱」を獲ることができました。同学年には中学時代から化け物みたいに強かった元・高見盛《たかみさかり》（現・東関親方《あずまぜき》）の加藤精彦《せいけん》がいて、彼は日大に進学しましたが、私は十一月の九州場所で父が興した玉ノ井部屋に入門。力士としての一歩を踏み出したのです。

ある程度、自信はありました。でも、入門してすぐにヒザを痛めてしまって……。初めて序ノ口についた平成七年初場所は、いきなり前半戦（三番）を休場。幸いにもケガが軽傷だったので、翌春場所では序ノ口優勝することができました。そして、夏場所、序二段優勝、名古屋場所、三段目優勝を果たして、秋場所の二番相撲で敗れるまで二十六連勝。

中卒で入門した力士と比べたら、自分は三年遅れている。早く十両に上がらないと！　その一心でしたが、この連勝には自分が一番驚いていました。お手本は、大関に昇進した若乃花関の相撲。小柄な体から繰り出す鋭いおっつけ。プロの力士はタフだし、重いし、高校時代のような相撲を取っていたら勝てないと実感したんですね。

八年夏場所には新十両昇進と同時に、四股名を本名の「志賀」から、父と同じ「栃東」に改めました。父は以前から「十両に上がったら、四股名を譲る」と決めていたようですが、入門から一年半、十九歳の私にとってはとんでもないプレッシャーですよ。

新入幕を果たし、初の上位対戦となった九年春場所では、横綱・貴乃花関、武蔵丸関といった力士との対戦もありましたし、名古屋場所では若乃花関との初対戦が組まれました。無我夢中で若乃花関に挑み、押し出しで白星を挙げた時は、本当に震えましたね。

関脇で迎えた平成十年初場所は絶好調で、十一勝。曙関、貴乃花関、若乃花関から白星を挙げて、殊勲賞をいただき、「次期大関候補」などという声も聞こえてきました。

二月には、長野オリンピックが開催されて、私たち力士は、開会式でプラカードを持ち、各国選手の先導を務めるという大役を任されました。私はロシアの担当。貴重な体験でしたが、真冬の長野でゴム草履履きというのは、裸に慣れている力士としてもきつかったなぁ（笑）。

心身ともに充実して臨んだ春場所、私をアクシデントが襲います。右肩を痛めて、六日目から休場に追い込まれたのです。序ノ口でのヒザの負傷以来、ケガらしいケガはなかった私にとって初めてのピンチ。しかも右肩は肩関節が剥離骨折しており、翌夏場所は休場（公傷）。「大関候補」のかけ声は無残にも吹き飛び、私は再スタートを切ることになったのです。

翌年名古屋場所で関脇に復帰した私は、十二年名古屋場所で十二勝を挙げて、五度目の技能賞を受賞。翌秋場所は、「大関獲り」の場所となりました。ところが、秋場所ではまたも右肩を脱臼して途中休場。ようやく癒えた右肩を再度痛めたことは、ショックでした。

「もうこれで、上（大関）は無理だな。自分はなんて運がないんだろう……」

ケガをすると、患部が治って本来の力が出てくるまで、一年くらいかかるものです。その間は再びケガをしたら、という恐怖心と戦いながらやっていくので、自分の相撲がうまく取れない。どうしたらいいか……となると、それまでの相撲を変えなければならないわけです。私のウィークポイントは痛めた右肩。相手から右肩に当たられないような相撲を取る。それで、左上手を取って出る相撲に変えることにしました。

それが吉と出て、十三年は名古屋場所十勝、秋場所十二勝で九州場所は、「大関獲り」がかかる場所に。十月の秋巡業中には、九重親方（元横綱・千代の富士）に左上手を取ってからの攻め方を直々にご指導いただいたことも大きかったですね。

こうして、運命の九州場所初日が幕を開けました。

初日、秋場所で敗れた隆乃若《たかのわか》関に上手投げで勝ったことで好スタートを切った私は、四日目に朝青龍関を押し出して、勝利するなど、七連勝。一気に勝ち越しを狙いたかったのですが、中日に闘牙関に敗れてしまいます。

大関昇進基準とされる勝ち星は、直近三場所で三十三勝以上とされていますから、この場所で私が狙うのは、十一勝以上ということになります。けれども、場所の途中で「あと○勝」、などと考えていては、ダメなんですね。とにかく一日一番、全力をつくすことを心がけました。十二日目、元大関・貴ノ浪関に勝って十勝。そして、十三日目はベテランの琴ノ若関（現・佐渡ヶ嶽親方）との対戦。目標の十一勝は、なんとか押し出しでクリアしました。

こうして迎えた十四日目は、一敗の横綱・武蔵丸（現・武蔵川親方）戦。二敗の私がここで横綱に勝てば、二敗で二人が並び、千秋楽を迎えるという展開になったのですが……。やはり、横綱の圧力はすごかった。速い攻めを心がけたのですが、最後は寄り倒されてしまい、その瞬間、横綱の九回目の優勝が決まりました。

悔しかったですね……。でも、まだ千秋楽の相撲が残っています。大関・武双山（現・藤島親方）戦で勝って、大関昇進を確実にしなければ……。武双山関との一番は、タイミングよくはたきこみが決まりました。これで（三場所合計）三十四勝を達成。

土俵から支度部屋に戻ると、まるで優勝した力士のように報道陣に囲まれ、質問攻め。その後、部屋の千秋楽打ち上げパーティー会場に向かうと、お祝いの鯛が用意されていて……（笑）。笑顔の母（おかみさん）と、涙ぐむ父（玉ノ井親方）の姿を見て、「ここまでがんばってきてよかった」と、本当に思いましたし、ここまで私を育ててくれた両親に感謝の気持ちでいっぱいでした。

父が成し遂げられなかった地位、大関。十四年初場所、新大関として土俵に上がった私は、初日から絶好調。四日目には二場所連続して朝青龍関を撃破するなど、十一連勝と飛ばします。十二日目（琴光喜戦）、十三日目（魁皇戦）こそ敗れてしまいますが、千秋楽は一敗の大関・千代大海関（現・九重親方）との対戦が組まれます。

千代大海関と私は、昭和五十一年生まれの同級生。中学卒業後、社会人を経て十六歳で入門した千代大海関は、十九歳で十両昇進。その後、「ライバル」と言われていた時期もありましたが、十一年春場所、彼は新入幕からわずか九場所で大関に昇進し、私はすっかり差を付けられていました。

ここで私が勝てば、二人が二敗で並び、優勝決定戦に持ち込むチャンスです。結びの一番は、押し出しで私の勝利。そして、決定戦。立ち合い、お互い頭で当たり合った後、私は左への変化を選びました。バッタリと土俵に手を突く千代大海関。その瞬間、私の初優勝が決まったのでした。

夢のような光景でしたが、相撲に関しては意外に冷静だったと思います。新大関での初優勝は久しぶり（昭和四十四年以来）ということでしたが、この優勝で、「一気に横綱に――」という周囲のムードが高まってきたことは確かです。

けれども、私はこのチャンスを生かすことができなかった。名古屋場所、左上腕のケガで休場。翌場所は公傷制度が適用されて、大関に踏み留まりましたが、九州場所ではカド番に。カド番をクリアし、ホッとしたのもつかの間、十五年初場所には右肩を負傷し、またしても休場。初優勝以来、大関らしい成績を残せないまま、二年近くが経過してしまったのです。

その間、モンゴル出身の若武者、二十二歳の朝青龍関がアッという間に横綱に昇進。「朝青龍時代」を築こうとしていました。ですから、この年の九州場所、千秋楽で朝青龍関を破って二度目の優勝ができたことは、本当にうれしかったです。けれども、私はその後もケガとの戦いが続きました。翌十六年春場所では、左肩が悪化して途中休場。翌夏場所も全休したため、二場所連続の負け越しとなり、公傷制度も廃止されたことから、大関からの陥落が決まったのです。

ただし、翌場所、関脇で十勝を挙げれば、大関に復帰できるという規定があるため、私は全力で名古屋場所に臨み、十勝。翌場所、大関に返り咲いたのですが、古傷のヒザが悪化して、二場所連続途中休場を余儀なくされ、二度の大関陥落を経験してしまいます。幸いにも、復帰の十七年初場所ではヒザの状態も良好で、関脇で十一勝を挙げて、大関に戻ることができたのですが、十八年初場所ではまたしてもカド番に――。ここで、私は奇跡の復活を果たします。初日から八連勝でカド番を脱した後、一敗を喫しただけで三度目の優勝を決めます。さらに、翌場所は十二勝を挙げたため、「綱獲り」の声も上がったのですが……。

じつは私は、以前から慢性的な頭痛に悩まされていました。十九年春場所、十日目に勝ち越して、八度目のカド番を脱した私の十一日目の対戦相手は、横綱・朝青龍。この相撲には敗れてしまったのですが、強い偏頭痛を感じた私は、病院に直行。そこで告げられたのは、高血圧症と、以前発症した脳梗塞の跡があるという事実でした。翌日から休場し、緊急入院した私は、高血圧の治療に当たり、徐々に症状は緩和していったのですが、すでに私の体にはドクターストップがかかっていました。

夏場所の土俵に上がることは、命の危険を秘めている――。そのため、私は夏場所前、現役引退の記者会見を開きました。突然の発表に驚かれた方も多かったようでしたが、私としては「やることは、やった」という気持ちでしたね。

大関に昇進するまでは、チャレンジャーの気持ちで上位力士に臨んでいましたが、大関というのは追われる立場。強い力士も次々に出てきて、余裕はまったくなかったですね。

大関は横綱に次ぐナンバー2のポジション。相撲協会の看板でもある大関は、夢を与えられる立場だと思うんです。無観客で開催された令和二年春場所は、大関が貴景勝《たかけいしょう》関一人になって、ちょっと寂しい感じでしたが、次に大関に上がる力士には、自分の型を持って、その形で攻めていく相撲を取ってほしい。夢を与えられる、新しいスターの誕生に期待したいですね。

「小説推理」令和二年（二〇二〇）四、五月号掲載

琴光喜啓司《ことみつきけいじ》

再入幕から一年が経った平成十三年秋場所、私の番付は前頭二枚目。初日から、当時勢いのあった武蔵川部屋の横綱大関陣と次々と対戦することになりました。初日、大関・雅山関、二日目、関脇・出島関、三日目、大関・武双山関、四日目には横綱・武蔵丸関……。三日目の武双山戦では敗れてしまいましたが、四日目、上手出し投げで横綱から金星をもぎ取ったことで、私の中でスイッチが入りました。

五日目、大関・千代大海関から白星、六日目には同い年で、中学時代からのライバル、関脇・栃東を破り、七日目を終えた時点で、一敗で並んだのは、平幕の朝青龍（前頭筆頭）と私の二人。

そして中日には、朝青龍と私の取組が組まれました。モンゴル出身、高知の明徳義塾高を中退して若松《わかまつ》（現・高砂）部屋に入門した朝青龍は、私より四歳年下ですが、初土俵は一場所早い「兄弟子」。入門以来、ものすごいスピードで出世してきた彼には、前の場所で、苦杯をなめています。それだけに、「負けたくない！」という気持ちが強かった。たぶん、朝青龍も同じような思いだったでしょうね。

互いの意地がぶつかった一番は、四十秒を超える相撲になりました。あの手この手で攪乱してくる朝青龍に対して、私は慌てずに相手の出方を見ました。そして最後は、

[プロフィール]

琴光喜啓司。本名、田宮啓司。昭和51年4月11日、愛知県岡崎市出身。鳥取城北高から日大に進み、27個のタイトルを獲得し、平成11年春場所、幕下付け出しで初土俵。九州場所、新十両。12年夏場所、新入幕。13年秋場所、初優勝。19年秋場所、31歳3ヵ月で大関昇進（史上最年長）。22年7月、野球賭博問題に関与したとして、相撲協会を解雇された。優勝1回、殊勲賞2回、敢闘賞4回、技能賞7回。得意は右四つ、寄り。182センチ、159キロ。佐渡ヶ嶽部屋。

[大関への道のり]

昭和51年4月	愛知県で生まれる
平成11年3月	佐渡ヶ嶽部屋に入門
11月	新十両昇進
12年5月	新入幕
13年9月	初優勝
19年9月	大関昇進
22年7月	相撲協会を解雇

撮影／武田葉月

左からのもろ差しからのがぶり寄りで、寄り切りで勝利。

　さらに翌九日目には、小結・玉乃島関を寄り切りで下して、早くも勝ち越しを決めました。十日目に朝青龍が敗れたため、私は武双山関、朝青龍ら三敗勢に二差をつけて、単独トップに躍り出たのです。

　大変なことになったな……。

　この快進撃に内心、ビクビクしていたのは私自身でした。中日、朝青龍に勝ってトップに立った頃から、周りの人からは、「優勝だな！」とか、「優勝、頼むぞ！」などとジョークを言われていて、自分自身もちょっとその気になっていたのですが（笑）、十日目を過ぎた頃からは、この状況がだんだんしんどくなっていました。だから、いつも以上に対戦相手の相撲のイメージを頭に描いて、土俵に上がっていたのです。

　大学生の相撲大会など、アマチュアの試合は基本トーナメント形式ですから、一日で結果が出ます。けれども、大相撲の世界は一場所十五日間と長い。入門して二年以上が過ぎたこの時も、場所中の「力の抜き方」がわからなかったし、一番負けてしまうとすごく落ち込んでしまう自分がいました。だから、相撲を取り終えた帰り道には、必ずゲン直しをしてから、部屋に戻りました。モスバーガーとか、串カツ屋さんとかでひと息入れるだけで、気分転換になりましたから……。

一敗のまま迎えた十四日目の相手は、海鵬関。日大相撲部の先輩で、しかも私が一年生の時の四年生です。相撲巧者であることはもとより、いろいろな意味でやりづらい力士です。緊張しまくったこの一番、終始攻めていった私は下手投げで勝利。この瞬間、新入幕から九場所目（うち二場所は十両）の私の初優勝が決まったのです。

「夢の中にいるようで、ムチャクチャうれしいです。飛び上がりたい気分ですよ。優勝は自分の手の届かないものと思っていましたから……。点数をつけるとしたら？　百点満点です！」

千秋楽の優勝インタビューで、こう答えた私。普段、稽古場で怒鳴られてばかりの師匠（佐渡ヶ嶽親方＝元横綱・琴櫻）も、この時ばかりは「光喜、よくやった！」と涙ぐんでくれました。そして、後から知ったのですが「琴光喜の優勝は、普段の稽古の賜物だ。大関になったら、『琴櫻』の襲名も考えたい」と報道陣に語っていたというのも、うれしかったですね。

愛知県豊田市（のち、岡崎市に転居）で生まれた私が相撲を始めたのは、小学一年生の時です。岡崎市の少年相撲大会に母が申し込んでくれたのですが、一回戦で負けてしまった。当時の体格は、ごく普通。幼稚園の時に出た相撲大会でたまたま勝って、賞品をいっぱいもらったので、単純に「今回も勝てるんじゃないか？」と思ったんですね。でも、結果は敗戦。悔しかった私は、市内の相撲教室に入ることにしたのです。

父は、当時、トヨタ自動車相撲部の監督を務めていましたが、私が相撲教室に入ったことで、この教室の指導者になり、私は相撲の基礎を一から教わります。こうして四年生から出場した「わんぱく相撲全国大会」で、六年生の時にわんぱく大関になることができました。父は食べることにも厳しかった。「とにかく体を大きくしろ！」「（メシを）食べろ！　食べろ！」。毎日がそれですから、普通の体形だった私は中学二年の頃には、百キロを超えるようになっていました。

だけど、私は相撲だけにこだわっていたわけじゃなかったんです。ソフトボールとかバスケとか、いろんなスポーツが好きだったし、相撲もわりと伸び伸びとやっていたと思います。中学二年の時、全中（全国中学校相撲選手権大会）二位という結果を残すこともできました。

中三で進路を決めるときになって、父が勧めた道は、鳥取城北高への相撲留学でした。鳥取城北とトヨタの相撲部は、トヨタ自動車の道場で一緒に合宿をする仲。そうした縁で卒業後、トヨタに入社した人も、とてもいい方だったんですね。今、鳥取城北相撲部は全国トップレベルの成績を残す有名校で、照ノ富士や逸《いち》ノ城《じょう》など、多くの関取を輩出していますけれども、その頃はまだそういうレベルじゃなかったし、鳥取という知らない町に行くこと自体、気が進まなかった。正直、イヤだったわけですよ（笑）。

「啓司《けいじ》、一生のお願いだから、鳥取の高校に行ってちょうだい」

懇願する母。でも、その直後、母に初期の肺ガンが見つかったこともあり、「これは、お母さんの言う通りにしなければならないな……」と、私は鳥取行きを決意しました。

相撲部の石浦監督の自宅の隣にある合宿所での生活が始まりました。慣れない共同生活はもちろんキツかったけれど、それより私の中で勝っていたのは、「強くならなければならない！」ということでした。当時、石浦監督もまだ若く、体を張っての指導です。練習内容はスパルタそのもので、私の相撲人生の中で、高校時代の三年間が一番努力したんじゃないかと感じているほどです。そうした熱血指導の成果が出て、二年生で高校横綱になり、三年の時は、高校横綱に輝いた志賀《しが》（のち大関・栃東＝現・玉ノ井親方）に負けちゃいましたけど、アマチュア横綱を決める全日本相撲選手権の決勝まで進むことができた。

高校三年の私は、またしても進路の選択を迫られます。周囲から日大進学を勧められたのですが、本心では「日大だけには行きたくない」と思っていました。日大相撲部と言えば、アマ相撲のトップ。横綱・輪島関を筆頭に、多くの選手が大相撲に進み、関取になっています。稽古が厳しいのはもちろんのこと、私生活の規則は相撲以上にキツいと聞いていたからです。

なかばイヤイヤながら進んだわけですが、加藤精彦（のち高見盛＝現・東関親方）ら全国トップレベルの部員たちと稽古をする中で、精神的にも強くなっていったのでしょう。アマ横綱（二、三年）、学生横綱（三、四年）などのビッグタイトルを獲ることができた。プレッシャーに弱くて、最終学年でアマ横綱を獲れなかったところが、自分らしいですけどね（笑）。

佐渡ヶ嶽部屋に入ったのは、親戚が部屋の九州後援会員だったことが理由です。佐渡ヶ嶽部屋は関取衆が多くて、「自分なんか潰されるんじゃないか……」と思って、本当は（日大出身者が多い）追《おい》手《て》風《かぜ》部屋に行きたかったんですよ。

でも、結果的に幕下を三場所で通過して、十両に昇進して、平成十二年夏場所では新入幕。十三年秋場所では、入門二年半で平幕優勝できたことは、環境に恵まれていたんだと思います。振り返ってみれば、「自分が進みたい」と思っていた道は、楽な方ばかり。周りの人の意見で、苦難の道を選んだからこそ、自分を奮い立たせられたし、力士になっても結果を出せた。そういう意味では、とても感謝しています。

さて、初優勝後、関脇に昇進。「大関獲り」の声が一気に盛り上がりました。じつは、秋場所十三勝、九州場所九勝、初場所十二勝で三十四勝だったので、昇進基準（三場所三十三勝）はクリアしているんです。でも、当時、大関が四人（魁皇、武双山、千代大海、栃東）いたこともあって、昇進は見送られてしまった。その後、ケガが続いたりして、私としても不甲斐なかったです。

そんな中、部屋の後輩、ブルガリア出身の琴欧洲が入門三年で大関に昇進。彼は、入門した時からやる気が違っていました。研究熱心で真面目。わからないことは、私たち兄弟子にどんどん質問する。だからこそ、スピード出世して大関になったわけです。

「自分のほうが強いはずなのに……。大関にはもう縁がないのかな……」

私の消極的な姿勢は、師匠（佐渡ヶ嶽親方＝元横綱・琴櫻）にも情けなく映ったのでしょう。

「光喜、やる気がないなら、辞めてしまえ！」

と厳しい言葉をかけられてしまう始末。

私は三十歳になっていました。十九年春場所、十勝、翌夏場所で十二勝を挙げた私は、ご当所・名古屋場所で大関獲りがかかりました。前にも触れましたけど、私はプレッシャーに弱いタイプです。やはり同じタイプの大関が、「ワンカップ大関」を飲んで緊張をほぐして土俵に上がったという話を聞いて、実践してみたんです。でも、「ワンカップ」じゃ、酔えなかった。酒に強い自分を恨みましたよ（笑）。

でも、この場所は初日から十連勝。三十三勝を達成するには最低十一勝が必要なところ、私は十三勝を挙げて、三十五勝。大関昇進が決まりました。

「謹んでお受けします。いかなる時も力戦奮闘し、相撲道に精進いたします」

口上の中に組み入れた「力戦奮闘」の意味は、持てる力を出し尽くして一生懸命努力し、困難に立ち向かうという意味です。じつは、私、使者を迎える前日まで、昇進の口上は師匠が考えてくれるものと思い込んでいたんです。師匠に「自分で考えるように」と言われ、前夜、旧知の新聞記者と一緒に知恵を出し合って、ギリギリ間に合った、苦心の作なんです（笑）。

三十一歳三カ月の大関昇進は、増位山関（元三保ヶ関親方）を上回る史上最年長記録とのこと。同じく、三十二歳の遅咲きで横綱に昇進した先代（親方）も、我がことのように喜んでくださって……。使者を迎える時も、先代、現師匠（元関脇・琴ノ若）の二人の師匠に見守っていただきました。

夏巡業で東北地方を回っていた私のもとに、先代の訃報が届いたのは、それから一カ月も経たない八月半ばのことでした。大関としての私の相撲を見ていただくことなく、天国に旅立たれた先代のためにも、より一層精進しようと誓ったのですが……。大関昇進後の成績は、自分としても満足がいくものではありませんでした。大関になるには、三場所、つまり半年間は好成績を続けなければならない。でも、大関の地位は、二場所連続負け越したら落ちてしまうし、連敗すれば「休場しろ！」と言われてしまう。二十年春場所は、二勝六敗からなんとか持ち直して、最終的に勝ち越したということがありましたが、大関在位中の精神的なプレッシャーはものすごかったし、決して楽しい時間とは言えなかったかな？　大関とは、勝たなければならない地位だと思い知らされましたね。

野球賭博に関与したことで、二十二年七月に相撲協会を解雇されてからも、現役復帰を目指して体を鍛えていました。再び髷を結う日のために、髪も長くしたままでした。でも、司法の判断は覆らなかった。これに関しては、自業自得だと思っています。

今は名古屋市内で焼肉屋を経営しているのですが、三年前の大晦日、アベマＴＶの企画で、かつて土俵上で戦った元横綱・朝青龍のドルゴルスレン・ダグワドルジさんと相撲を取ったんです。

「自分の相撲人生は、本当に終わったんだな……」

結果は負けちゃいましたけど、この一番を取り終えて、ようやく、心の中で一区切りがつきました。
二人の息子は、今小学生です。相撲道場に通って、「わんぱく相撲全国大会」や、少年相撲大会「白鵬杯」に出て、勝ったり負けたりしています。琴光喜チームを率いて参加した、今年二月の「白鵬杯」で、私は土俵下で審判を務めました。その時、物言いがついて、審判団が土俵に上がって協議するシーンがあったのです。相撲を取るのとは別ですが、まさかこんな形で、再び国技館の土俵に上がるとは思わなかったなぁ。ジーンときてしまいました。つくづく人生って、いろんなことが起きるものですね。

「小説推理」令和二年（二〇二〇）六、七月号掲載

小錦八十吉《こにしきやそきち》

ハワイで過ごしていた高校時代は、アメリカンフットボールや、パワーリフティングなどのスポーツに熱中していてね。スポーツも好きだったけれど、将来は大学に進学して弁護士になりたいという夢もあったから、勉強にも力を入れていた。音楽も大

撮影／弘瀬秀樹

好き。サックスやトランペットを担当していて、演奏旅行に出かけたりもしていたんだ。

僕が現役時代の高見山関（のち、東関親方）と初めてお会いしたのは、昭和五十七年の五月末のこと。当時、高見山関と言えば、ハワイでも有名な存在で、この時、高見山関はあるイベントのために、ハワイに帰省していた。たまたま、高見山関の知人がビーチにいる僕を見かけて、ご本人とお会いすることになったわけなんだけど……。

「サリー（僕のニックネーム）、日本の相撲界は厳しいところだ。いいことばかりじゃないけど、君の強靭な足腰は相撲に向いているはずだ……」

と、熱心にスカウトしてくださった。僕はスポーツが大好きだったし、「裸一貫で勝負できる」という世界に惹かれて、大相撲にチャレンジすることに決めました。

[プロフィール]
小錦八十吉。本名、小錦八十吉。昭和38年12月31日、米国ハワイ州オアフ島出身。昭和57年名古屋場所、初土俵。58年九州場所、新十両昇進。59年名古屋場所、新入幕。62年名古屋場所、大関昇進。平成6年初場所、大関陥落。9年九州場所、引退し、年寄・佐ノ山を襲名するも、タレントに転身し、幅広く活躍中。優勝3回、殊勲賞4回、敢闘賞5回、技能賞1回。184センチ、275キロ。得意は突き押し。高砂部屋。

[大関への道のり]

昭和38年12月	ハワイ州オアフ島で生まれる
57年 7月	初土俵
58年11月	新十両昇進
59年 7月	新入幕
62年 7月	大関昇進
平成 6年 1月	大関陥落
9年11月	現役引退

それから一カ月後に日本に行って、相撲部屋での生活が始まったんだけど、最初は全然日本語がわからないでしょう。だから、外に出たりしないで、部屋の中で相撲のしきたりや日本語を覚えたりしていたの。みんなが話していることがわからないのは、やっぱりつらいからね。

七月の名古屋場所で、初土俵を踏んだ時、「小錦八十吉」という四股名をいただきました。その時は、高砂部屋伝統の四股名だってことは理解できなかったけど、番付を上げていけばいくほど、この四股名の重みを感じたのよ。

最初の対戦相手は、藤島部屋の鍵原《かぎはら》。部屋で兄弟子に教えてもらって、仕切りの練習はしていたし、「プッシュが大切」ということはわかっていた。でも、立ち合い、行司さんがかける「はっけよい!」の意味がわからない(笑)。どのタイミングで相撲を取り始めたらいいのかわからなくて、土俵上で戸惑ったけど、審判の親方から、「行け! 行け!」と声をかけてもらって、突き放す相撲で勝つことができた。

現役時代から今まで、「どの一番が印象に残っていますか?」という質問をよく受けるの。大関を決めたり、優勝したり、忘れられない相撲はいろいろあるんだけど、僕にとっては最初に相撲を取ったこの一番が、印象的。だって、少し前まで日本の相撲をほとんど知らなくて、取ったこともなかった僕がプロとして土俵に上がった。このシーンこそが僕の原点になっていると思うんだよね。この頃、高砂部屋の兄弟子、高見山関や富士桜《ふじざくら》関は三十代後半だったけど、ベテラン力士も若い力士に負けずに、懸命に稽古している。

入門を反対していたハワイの母に「とにかく五年間がんばってくるから」と言って力士になった以上、僕は一生懸命やらなければいけない。身近にいいお手本がいたことも、幸せなことだったね。百八十四センチ、百七十五キロで入門した体は、日を追うごとに大きくなってきた。そうすると、番付も一歩一歩上がってくる。五十八年九州場所で新十両に昇進した時には、百八十七センチ、二百五キロになっていたんだ。幕内に上がって二場所目、五十九年秋場所は蔵前国技館最後の場所だった。蔵前国技館の裏のほうでは、マス席で食べる焼鳥を焼いていたり、なんかお祭みたいな雰囲気なのね。日本らしい情緒があるというか、ステキな場所だなぁというのが僕の印象で、青春の思い出になってる。

前頭六枚目だったこの場所、僕は絶好調で、十四日目を終えて十二勝二敗だった。千秋楽の一番の行方次第では、平幕優勝の可能性もあったけど、ベテランの琴風関に敗れてしまった。優勝は、やはり平幕の多賀竜《たがりゅう》関に持っていかれちゃったけど、この場所の印象が強かったんだろうね。「黒船襲来」なんて言われて、小錦という存在はメジャーになったと思うね。

この準優勝を経験して、三役（関脇）に上がって、それからバーッと行けるんじゃないのか？と、僕も思っていたし、周りの人もそう期待してくれていたと思う。だけど、肩をケガしてしまい、休場。一進一退が続いてしまったの。

六十一年春場所は、小結で久しぶりに調子がよくてね。同じサンパチ組（昭和三十八年生まれ）の保志（のち横綱・北勝海＝現・八角《はっかく》親方）、北尾（のち横綱・双羽黒）、寺尾（現錣山親方）らに勝って、十二勝三敗で三賞を二つ獲ることができた。

こうして迎えた翌夏場所の八日目は、北尾戦。すでに大関に昇進していた北尾には「負けたくない！」という気持ちが強かったと思う。最初の一番は僕が突っ張っていったけど、土俵際でもつれて、同体で取り直し。取り直しの一番では、押し合いから北尾が両上手を引き付けて寄ってきて、僕は土俵際でこらえたんだけど、そこに北尾の体がのしかかって、僕はヒザから落ちた。鯖折りという珍しい技での黒星だ。

次の日から休場を余儀なくされてしまって、翌場所も休場。あまり思い出したくない相撲だけど、僕としてはあの時のヒザのケガからカムバックした……ということが自信になっているのよ。むしろ、カムバック後のほうが強くなったと思っているくらいだからね。

実際、カムバックした秋場所、前頭四枚目で十二勝。翌九州場所には関脇に復帰し、次の六十二年初場所は十勝、続く春場所十一勝、夏場所はいよいよ大関獲り待ったなし！になった。大関昇進の基準は三場所で三十三勝だから、この場所では、最低十二勝が必要――。

だけど、そういう数字を意識していると、相撲は取れないからね。ケガで遠回りした分も含めて、思いっきり相撲を取ることだけ……と考えていたよ。

初日から勢いよく五連勝。でも、ここから大関・大乃国、大関・北勝海、小結・益荒雄に敗れて、十日目を終えてすでに三敗。僕は一歩も引けないところまで追い詰められてしまった。後半戦には、大関、横綱戦が組まれるというのに、目の前が真っ暗になってしまった。

十一日目は、横綱・双羽黒戦。メディアには「因縁の相手」などと騒がれたけど、僕にとって、対戦相手は誰でも同じなの。目の前の相手に勝つことがすべてだからね。撃破した翌十二日目は、横綱・千代の富士関。このところ、分のいい大横綱にもなんとか勝利を収めることができた。

残りの相撲に全勝して十二勝。やることはやった――。あとは天に運命を任せて、大関昇進の使者を待つばかりとなった。

「謹んでお受けします。大関の名を汚さぬよう、稽古に励みます」

　この口上は、師匠（高砂親方＝元横綱・朝潮）と相談して決めて、ローマ字で覚えたんだけど、当日はものすごく緊張しちゃって、うまく言えなかったなぁ（笑）。（大関取りに）何度か失敗しているから、こんな日が本当に来るとは思わなかった。夢心地だったけど、僕が見ていたのは、その上（横綱）の地位。ただ、「五年間がんばる」というママとの約束が果たせて、うれしかったね。

　横綱になるには、当然優勝が必要。でも、初優勝までが、また遠かったのよ。大関に上がってから、ヒザの故障に悩まされて、時代は平成に。平成元年秋場所は、負け越して、翌九州場所はカド番で迎えることになったんだ。

　じつはこの場所前、ハワイの両親が交通事故に遭って、場所直前にハワイに強行帰郷するという出来事があった。容体が心配だったけれど、本場所を休むわけにはいかない。出場する限りは、両親のために優勝したい。そうしたら少しは元気になってくれるんじゃないか……って思ってね。

　見えないパワーも、僕を後押ししてくれたのかもしれない。初日から十一連勝。十二日目に横綱・北勝海関に敗れたけれど、十四勝一敗で優勝することができた。優勝が決まった瞬間、自然に涙があふれ出てきて、マスコミは「初優勝で感激したうれし涙」と書いてくれたけど、そういうわけじゃないんだよね。

情けない、悔しい。なんでもっと早く優勝できなかったのか……。そんな思いが頭の中をグルグル回って……。自分が目指しているものは、もっと上だろう？　もっとがんばらなければ……と思った瞬間だったように思っている。

三年初場所は足の負傷で休場したものの、夏場所から好成績が続いた。九州場所では、十三勝二敗で二度目の優勝。この年は十八歳の貴花田が千代の富士関を破って引退に追い込んだり、若貴ブームで相撲が大いに盛り上がっていた。僕も九州場所初日に貴花田戦、四年初場所、春場所初日と二場所連続で若花田戦が組まれて……。大関として、「負けるわけにはいかない」という気持ちで、もちろん勝ったけどね（笑）。

二度目の優勝の翌場所（四年初場所）で、十二勝、こうして迎えた春場所は、僕の「綱取り」の場所だったと思う。それくらいの覚悟で臨んだし、優勝したら、横綱の声が掛かってもおかしくはないと思っていたんだ。だけど、僕の横綱昇進は五月の夏場所の成績を見てからということになった。多くは語りたくないけど、自分の中でその事実を整理するのには時間がかかったよね。

五年九州場所まで、大関を三十九場所務めてた。もちろん、関脇から大関への復帰を目指していたけど、それは叶わなかった。そこから平幕に落ちても、僕は相撲を取

り続けた。なぜなら、相撲が好きだから――。周囲からは、

「元大関のプライドはないのか？」

なんていう声も聞こえてきたけれど、プライドだけでメシは食べられないからね（笑）。泣いても笑っても、自分の人生だから、できるところまで相撲を続けてみようという気持ちで相撲を取っていたんだ。

この頃は、同じく大関から陥落して、平幕でがんばっている霧島関（現・陸奥《みちのく》親方）と二人で「おじさんコンビ」なんて言われてね（笑）。ベテランになると、必死だった大関時代とは違う部分が見えてくるっていうか……。霧島関という存在があったから、僕もがんばれていたのかもしれないね。

そろそろ限界かな……？　と感じたのは、八年の冬のこと。九年いっぱいは精一杯相撲を取って、現役を引退しようって決めたんだけど、実際、九年は何度も入院して、（十一月の）九州場所まで体が持つのか？　と不安だった。

十月の秋巡業の時は、滞在先のホテルで大量に下血して、死を覚悟したこともある。ホテルの部屋で一人で毛布をかぶって、

「絶対に生きるんだ！」

と自分に言い聞かせて、座ったままで朝を迎えた。医者から、「体の約七割の血液

が流れ出た」と聞いて、ゾッとしたけど、九州場所は輸血をして、病院から場所に通ったの。幸い、マスコミにはバレなかったけどね。

ようやく後半戦、十日目くらいから相撲が取れるようになって「これなら千秋楽まで相撲を取って引退できる」と思って、千秋楽の相撲を見てもらおうとハワイの家族を相撲場に招待していたの。ところが、十四日目の新聞に「小錦、引退」という報道が出てしまって、十四日目は不戦敗になって、そのまま土俵に上がれないまま引退になってしまった。

つくづく、最後まで直接自分と関係ない問題で苦しめられた相撲人生だったなぁと思うけれど、今、少し離れた立場で大相撲を見ていると、魅力がたくさんあることに気付くんだよね。

まず、相撲ほど世界に知られている日本発のスポーツはないし、日本の歴史、伝統文化そのもの。僕は昨年アメリカで元力士たちと相撲イベントをやったんだけど、その時の盛り上がりはすごかった。ＶＩＰ席は日本円で数十万円でも、チケットが売れる。大相撲のチケットも決して安くはないけれど、相撲を見たい人たちにとって、それくらいの価値があることを認識してもらいたいね。もちろんそれは、力士たちが迫力ある真剣勝負を見せることが前提。

千代の富士関、北勝海関、若貴、僕らが土俵に上がっていた頃の、「負けてたまるか！」というギラギラした部分が、今はちょっと感じられないのが残念かな？　大関は、横綱に一番近い存在。だからこそ、下から上がってくる力士の見本であってほしい。行動も何もかも見られているから、責任も重い。令和二年七月場所、新大関デビューの朝乃山は、奇しくも高砂部屋の後輩だから、どんな大関になるか、楽しみにしているよ。

「小説推理」令和二年（二〇二〇）八、九月号掲載

豪栄道豪太郎《ごうえいどうごうたろう》

令和二年初場所千秋楽。私の対戦相手は、若手の阿武咲《おうのしょう》でした。仕切っていると、館内から、私への応援の声が湧き起こりました。

「ゴーエイドー！　ゴーエイドー！」

この「豪栄道コール」、私の地元・大阪場所（春場所）の時は、時折いただくことがあるのですが、国技館では珍しいんです。

じつは、私はこの一番を最後に、土俵を去ることを決めていました。自分の心の中

だけで決めていたことなのに、なんでコールが湧き起こったのか不思議でしたね。これまで土俵上で感傷的になったことのない私ですが、この時のコールはメチャクチャ心に響いて、涙が流れそうになりました。

今、振り返ってみても、相撲を取る前にそんな心境になること自体、勝負師として終わっていたんでしょう。阿武咲との取組も、自分の一番得意の型に組めたのに、最後は柔道だったら一本負けのような下手投げで負けてしまいましたからね。

勝負の世界は単純です。勝てないのは実力がないということだし、弱くなったから負け越して、引退した。それだけのことです。私は数年前から、「大関の座から落ちたら、引退」と決めていました。初場所は十二日目、朝乃山との対戦で敗れて、負け越しが決まりました。大関から陥落しても、次の春場所で十勝を上げれば、大関に復帰でき

[プロフィール]
豪栄道豪太郎。本名、澤井豪太郎。昭和61年4月6日、大阪府寝屋川市出身。平成17年初場所、初土俵。18年九州場所、新十両昇進。19年秋場所、新入幕。20年九州場所、新三役（小結）昇進。26年秋場所、大関昇進。28年秋場所、初優勝。令和2年初場所後、引退、年寄・武隈を襲名。優勝1回、殊勲賞5回、敢闘賞3回、技能賞3回。184センチ、160キロ。得意は右四つ、出し投げ、切り返し。境川部屋。

[大関への道のり]

昭和61年	4月	大阪府で生まれる
平成17年	1月	境川部屋に入門
18年	11月	新十両昇進
19年	9月	新入幕
20年	11月	新三役
26年	9月	大関昇進
令和 2年	1月	現役引退

撮影／本誌・小島愛子

るという規定もあるし、春場所はご当地場所でもある。もしかしたら、春場所で復帰を目指すこともできたかもしれないけれど、ここで自分の意志を曲げてしまったら、この先の人生にも甘えが出てしまう。きっと大関返り咲きを待っていてくれた地元の人もいたと思います。自分勝手なワガママで引退をしてしまって、申し訳ないという気持ちは、今もあります。

大阪の寝屋川市で育った私が、相撲を始めたのは小学一年生の時。地元のわんぱく相撲大会に出たら、優勝してしまったんです。親としては、「クソ生意気なガキだから、相撲でもやらせて鍛えてもらおう」ぐらいなものだったらしいんですが、寝屋川の相撲道場に二年通った後、もっと高いレベルの道場で相撲を取らせたいという父親の希望もあって、交野市の古市道場に通い始めたんです。

小学五年生の時、「わんぱく相撲全国大会」で優勝。六年生では、前年度優勝した私が、国技館の土俵で土俵入りを披露するのですが、その時、土俵入りを指南していただいたのが、北の湖親方だったんです。小学生の私でも、北の湖親方が大横綱だったことは知っていましたが、どんな相撲を取っていたかなどはさすがに知らなくて……。あまりにも偉大な方すぎて、何を教えていただいたのかは覚えていません（笑）。

小学校時代は相撲に燃えていたんですけど、中学に入ると、なんだかやる気がなくなってしまったんですよ。道場もサボりがちになって、遊びのほうに走ってしまいました。小中学校時代を通じて、相撲をやっている子たちの中では、私は小柄な部類でしたし、「もう、相撲は辞めよう……」そう思っていた中学三年の秋頃のことです。埼玉栄高相撲部の山田道紀《みちのり》監督から、「ウチに来ないか？」と声をかけていただいたのです。中学では大して実績を残せなかった私に、強豪校からの思いがけない誘い。「自分なんかでいいんだろうか？」と思いつつ、声をかけていただいたことは本当にうれしかった。

「強い高校に行って、相撲を続けてみよう！」

そう決意した私は、大阪を後にしました。

高校は寮生活で、同期は五人。実家住まいの時はしたことがない、掃除、洗濯、ゴハンの支度に、毎日の稽古。環境はガラッと変わったのですが、特につらくはなかったですね。たぶん、「つらい」よりも、前向きな気持ちのほうが勝っていたんだと思います。

世間的には、「栄の稽古ってどんだけキツイのか？」と思われているみたいですけど、稽古は短時間集中型。量より質という感じでしたし、日々実力が付いていくのがわかったので、やりがいがありました。相撲以外にも、周りの人に感謝して相撲を取ること、人を思いやることなど、いろいろなことを教わりました。

そして、高校三年生の時には、高校横綱を獲って、十二月の全日本選手権の出場権も得ることができました。アマチュア日本一を決めるこの大会に、高校生で出場できたのはうれしかったですね。山田監督からは、「(優勝を)狙っていけ!」と送り出された私でしたが、緊張することなく、予選を突破。決勝トーナメントで準決勝まで進んで三位入賞を果たします。きっと相手選手は、高校生相手に負けられないと緊張したのだと思います。

大相撲の世界に行こうと決めたのは、その二カ月前、十月でした。日大に進学するという選択もあったのですが、いずれプロに進むとしたら、大学の四年間がもったいない気がして……。日大がイヤとかいうのではなく、早くプロに行きたいと思ったんです。小学生の頃から「ライバル」と言われた、高知・明徳義塾高の影山(のち栃煌山=現・清見潟《きよみがた》親方)も、春日野部屋への入門が決まりました。

こうして、平成十七年初場所、境川《さかいがわ》部屋に入門し初土俵を踏んだ私は、春場所で序ノ口の番付に付きました。プロ初戦は、影山との対戦が組まれました。お互い「負けられない」という気持ちで臨んだ結果、私が勝利し、序ノ口優勝を果たしたのですが、毎場所意識していたのは、影山の成績です。

名古屋場所では、三段目優勝。秋場所は幕下に昇進して、翌九州場所では幕下三十二枚目で全勝優勝。この場所は、影山も三段目で優勝。十八年初場所で、私は一気に十両を狙える幕下二枚目まで番付を上げます。でも、さすがに幕下上位ですんなり勝ち越しとは行かず、二場所連続負け越しを喫します。そうしている間に、影山は地道に勝ち越しを続けて、名古屋場所、幕下筆頭で六勝を上げて、秋場所での新十両を決めたのです。

マジで、悔しかったですね。稽古に燃えて臨んだ秋場所、私は幕下六枚目で全勝優勝。翌九州場所での新十両昇進が決まりました。

十両昇進を機に、四股名を本名の澤井《さわい》から、「豪栄道」に改名しました。本名の豪太郎の「豪」、埼玉栄高の「栄」、山田道紀監督の「道」を合わせたものなのですが、呼び上げた時の音もスムーズで、自分のイメージにピッタリの四股名をいただいたと思っています。

私が十両を突破するのに五場所を要している間に、影山改め栃煌山はまたもや一足早く、幕内に昇進。この頃は、完全に影山のほうが、自分を引っ張っている感じでしたね。

早く追いつかなければ――。十九年名古屋場所、十両五枚目で十二勝を上げた私は、秋場所での待望の新入幕が決まったのです。

新入幕のこの場所、自分でも信じられない出来事が起こります。一勝一敗で迎えた三日目から、なんと九連勝。十一日目、一敗の横綱・白鵬関が敗れたため、私が一敗で単独トップに立ったのです。

「新入幕で二ケタ（十勝）は勝ちたいな……」と思っていましたが、まさか優勝争いを引っ張ることになるとは……。翌十二日目からは、小結・安馬関、大関・千代大海関、十四日目にはまさかの横綱・白鵬関との対戦が組まれ、いずれも惨敗。先場所まで十両力士だった私が、大関、横綱と対戦するなんて、想像すらできなかったことです。結果は黒星でしたが、大きな経験だったと今でも思っています。

この場所は十一勝を挙げて、敢闘賞をいただき、翌年九州場所では新三役（小結）に昇進するのですが、その後成績は一進一退が続きました。

入門した頃から、私が憧れていたのは、横綱・朝青龍関です。とにかく強くて、カッコよくて、体型もちょっと似ていたこともあったので、「自分もあんな強い力士になりたい」と思っていました。横綱からも、「早く（上に）上がって来いよ」と声をかけてもらったりして、うれしかったですね。朝青龍関と初めて対戦したのは、二十年初場所のこと。平幕だった私は寄り切りで敗れましたが、その後も不戦勝を挟んで四連敗と、まったく歯が立ちませんでした。

初めて勝ったのは、二十二年初場所です。この場所、朝青龍関は二十五回目の優勝を遂げるのですが、場所後、突然引退。ようやく勝つことができて、これからも何度も対戦できると思っていただけに、横綱の引退はショックで、逆に「もっと稽古しなければ……」と気持ちを入れ替えたことを覚えています。

転機になったのは、二十四年春場所です。この時、前頭六枚目だった私は、順調に白星を重ねて、十四日目まで十一勝。千秋楽は、大関・鶴竜関との対戦が組まれました。この一番、自分でもビックリするようないい相撲で勝てたんです。この相撲は、とても自信になりました。次の場所で関脇に上がって、それから二年以上関脇を守りました。

関脇に在位していた十四場所の間は、常に「大関昇進」のプレッシャーがありました。周囲には、「すぐにでも大関」と期待していただいていたのに、二ケタ勝利を挙げても翌場所は続かなかったり……。事あるごとに、「大関に昇進します」と口に出すことで、私は大関昇進を意識するようにしていました。それがよかったかどうかはわかりませんが、チャンスが巡ってきたのは、二十六年名古屋場所のことでした。

春場所で十二勝、夏場所で八勝。大関昇進の目安は、三場所の勝ち星の合計が三十三勝以上とされています。

ところが、私は前半戦で二敗してしまい、あと一敗も許されないところまで追い込まれました。

そんな中、十一日目に、横綱・白鵬戦が組まれます。朝青龍関の引退後、角界を引っ張っている白鵬関に、私はなかなか勝つことができなかった。けれども、この絶対的なピンチの時、全勝の白鵬関に浴びせ倒しで勝てました。翌日、横綱・日馬富士関に敗れ三敗目を喫したものの、その後三連勝し、大関昇進が決定しました。

「謹んでお受けします。これからも大和魂を貫いて参ります」

これが、私の大関昇進の際の口上です。

「大和魂」という言葉の解釈はいろいろあると思いますが、私はヤセ我慢を含めた我慢強さだと考えています。力士ですから、体が痛かったり、負けて悔しくて泣きたい時もたくさんある。でも、そういう部分を表に出さない。そんな力士でありたいと思ったんですね。

でも、実際に大関になってみたら、大関の地位は想像以上の重みがありました。大関なんだから、強い勝ち方をしなくちゃいけない。変な相撲は取れない——。

自分の中でそういう思いが強くて、好成績を残せない。これが、大関のプレッシャーというものなのでしょう。

大関に昇進して、すでに二年が経とうとしていました。二十八年名古屋場所は、負け越し。でも、八月におこなわれた夏巡業では、今までにないくらい調子がよくて……。稽古をしていてもすごく体が切れるし、これまで味わったことのない感覚なんです。だから、自分にプレッシャーをかけるためにも、周りの人たちに、「秋場所は優勝するから」とか、「優勝した時の鯛を用意しておいて」などと、優勝を意識した発言をしていました。

こうして始まった秋場所は、ストレートで勝ち越して、まずはカド番を脱出。十日目に大関・照ノ富士、十一日目に「綱取り」がかかった大関・稀勢の里、十三日目は（一差で追ってきている）横綱・日馬富士関との直接対決に勝ちました。十三戦全勝として、翌十四日目にも優勝が決まるという状況になった時には、さすがに一睡もできなかったですね。

「自分は緊張するタイプじゃない」と思い込んでいたのに、意外と「緊張しい」なんだと認識しましたよ（笑）。

十四日目の玉鷲《たまわし》戦は、時間にすれば五秒ほどの相撲でしたが、自分の思ったような相撲で勝てて、初優勝が決まりました。千秋楽の一番にも勝って、全勝優勝です。「やっと、親方（境川親方＝元小結・両国《りょうごく》）、おかみさんに恩返しできた……」

全勝を果たして、インタビュールームに向かっている時、不覚にも涙を流している自分がいました。大関という地位は、つねに弱みを見せないような立ち振る舞いをしなければならない地位だと、私は思っています。大関を五年以上、三十三場所務めましたが、数年前から「大関から落ちたら、現役引退」と決めていたので、引退に悔いはありません。

新型コロナウイルス感染拡大を受けて、大相撲秋場所は、七月場所に引き続き、従来の四分の一のお客様を入れての開催でした。令和三年一月に予定していた私の断髪式は、六月に延期となり、万全を期す上でさらに四年初場所後に順延となりました。

またいつの日か、大勢のお客様の声援を受けながら、力士たちが生き生きと相撲を取る日がやってくることを祈っています。

「小説推理」令和二年（二〇二〇）十、十一月号掲載

正代直也《しょうだいなおや》

「謹んでお受けいたします。大関の名に恥じぬよう、至誠一貫《しせいいっかん》の精神で相撲道に邁進して参ります」

令和二年九月の秋場所で初優勝を果たして、場所後に大関昇進を決めた私は、時津風部屋を訪れた使者に、こう口上を述べました。

口上の中で使った「至誠一貫」という四字熟語は、「最後まで誠意を貫き通す」とか「一つの方針や態度で、最後まで貫き通す」といった意味があるそうですが、相撲の世界に例えれば、「自分の相撲を取り切る」ことにつながると思っています。じつは入門した頃から、後援者の方にこの言葉と意味を聞いていて、いつか晴れ舞台に立った時、用いてみたいと思っていたのです。それが叶う日が来たわけです。

令和二年の初場所、前頭四枚目だった私は、初日から六連勝するなど、好調でした。九日目に勝ち越しを決めた後は、同じく平幕の徳勝龍《とくしょうりゅう》関と一敗で優勝争いに加わりました。千秋楽の行方次第では、優勝決定戦に進む可能性もあったのですが、残念ながら準優勝（十三勝二敗）。横綱が不在の場所だったとは言え、優勝争いができたということは大きな自信になりました。

ところが、新型コロナウイルスの影響で、無観客開催となった三月の春場所は、関脇に復帰したものの、八勝止まり。そして、五月におこなわれるはずだった夏場所は、中止となりました。

世の中が外出自粛、ステイホームが叫ばれる中、私たち力士も自粛生活を余儀なくされました。力士の稽古は、基本、人間同士のぶつかり合い。それに加えて、部屋ごとに団体生活をしていますから、感染リスクは一般の人たちよりも高いと言えます。もちろん、不要不急の外出も禁止されていました。

私は以前から、インドア派と言いますか、外に出るよりは、部屋の中で静かに過ごすのが好きなタイプなのですが、プロの力士として、一般的な稽古ができないというのは、厳しいものがありました。そこで私が取り組んだのが、筋力トレーニングでし

[プロフィール]
正代直也、本名、同じ。平成3年11月5日、熊本県宇土市出身。東京農大相撲部を経て、26年春場所、初土俵。27年秋場所、新十両昇進。28年初場所、新入幕。29年初場所、新三役昇進（関脇）。令和2年秋場所、初優勝、場所後、大関昇進。優勝1回、殊勲賞1回、敢闘賞6回。金星1個。184センチ、165キロ。得意は右四つ、寄り。時津風部屋。

[大関への道のり]

平成	3年11月	熊本県で生まれる
	26年 3月	時津風部屋に入門
	27年 9月	新十両昇進
	28年 1月	新入幕
	29年 1月	新三役昇進
令和	2年 9月	初優勝
	11月	新大関昇進

た。相撲は下半身の強さが重要と言われています。筋トレは以前から取り組んでいましたが、この期間に集中してやってみようと思ったのです。

けれども、本場所の開催日程も未定の中、自分の心も揺れ動きました。本来、外出を好まない私なのに、「外出禁止」と言われると、たまには出かけてみたい気持ちに駆られることもありました。でも、感染が拡大してしまったら、再び本場所が中止になるかもしれない……。そう考えると、軽率な行動は避けなければなりません。ですから、そうした気持ちを紛らわせるためにも、筋トレに集中することにしたのです。

例年は愛知県名古屋市でおこなわれるはずの七月場所は、東京・両国国技館で二週間遅れで開催されました。この場所は、優勝を果たした照ノ富士関を破るなどして、十一勝。筋トレの手応えは感じつつも、課題も残る場所となりました。

こうして、臨んだ秋場所。両横綱が初日から休場し、遠藤《えんどう》関や同じ部屋の後輩・豊山《ゆたかやま》など、番付上位の力士にも休場者が相次いで、最終的に幕内の休場力士はのべ十一人となってしまいました。

私は四日目に照ノ富士関、七日目に隠岐《おき》の海《うみ》関に敗れて二敗。この時点では、大関・貴景勝らに一差をつけられていましたが、中日に貴景勝らの一敗勢が相次いで敗れて、二敗で九人が並ぶという大混戦になってきたのです。でも、私の当面の目標は、勝ち越し。ですから、十日目に勝ち越してからは、気持ちが楽になったというか、心に余裕が生まれてきた感じでしたね。

体が動いているし、相手を攻めているという実感がありましたから、「次は二ケタ（十勝）を狙う」と、明確な目標を持つこともできました。そして、二ケタを達成した翌日（十三日目）は、二敗同士、貴景勝戦が組まれ、突き落としで勝利。二敗は私と新入幕の翔猿《とびざる》の二人に……。

十四日目、学生時代から何度も対戦のある大関・朝乃山に勝ち、単独トップとなると、さすがに「優勝」の二文字が現実味を帯びてきました。千秋楽は翔猿戦。番付では格下だとは言え、今場所の翔猿は動きがメチャクチャいい。夜、布団に横になっていても、いろいろと考えてしまって眠れなかったです。

というのも、初場所「あわや優勝」となった時、地元・熊本の人たち、所属する時津風部屋の後援会のみなさん、母校の東農大関係者らから大きな期待を寄せていただきました。優勝祝いの鯛なども次々に部屋に届いたのですが、それらが日の目を見ることはなかった。ただ、初場所と違うのは、私が単独トップに立っているということ。「ネガティブ力士」というニックネームがある私ですから、あまりよい方向の考えがまとまらないまま、気づけば朝五時になっていました。

結びの前の一番、翔猿戦は、やっぱりガチガチに緊張していましたね。翔猿に土俵際まで攻められたのですが、そこからなんとか突き落としで逆転勝利。自分でも何が起こったのかわからないまま、初優勝が決まりました。

熊本県出身力士では初めての優勝（優勝制度制定以降）で地元の方にも喜んでいただけましたし、時津風部屋としても大関・北葉山《きたばやま》関以来、五十七年ぶりの優勝だったそうです。

私の「大関昇進」のムードが盛り上がってきたのは、千秋楽を迎えてからです。春場所八勝、七月場所十一勝の私が、大関昇進を叶えようとすれば、秋場所で十四勝以上が必要（三場所、三十三勝以上が昇進基準）なのですが、すでに二敗を喫している私は千秋楽の一番で勝っても十三勝、計三十二勝と基準に届きません。場所が始まっても、私の「大関取り」という話はほとんど出なかったし、私自身、大関取りの場所という意識はありませんでした。

ところが、千秋楽の打ち出し後、審判部長が私の大関昇進に関する臨時理事会の召集を理事長に要請し、前向きな方向に進んでいったのです。「大関取り」のプレッシャーを感じることなく、秋場所を最高の成績で終われた私は、幸運だと思います。

それから数日後、私は初優勝と大関昇進の報告に、地元・熊本に帰省しました。昨年までは、場所後の休みを利用して、ちょくちょく実家に帰っていましたが、コロナ禍の移動自粛のため、久しぶりの帰省です。県庁や宇土《うと》市役所、母校などを訪れ、夜、実家のベッドに横になった時、疲れがドーッと出てきて……。「実家のベッドは柔らかいなぁ……」と思いながら（笑）、ぐっすり休むことができました。

さて、私が相撲と出会ったのは、小学一年生の時です。実家近くの公園で友達と遊んでいるところを、地元の少年相撲クラブの監督さんに声をかけられたのがキッカケでした。その足で、相撲クラブの練習を見にいって、小学二年生から本格的に相撲を始めました。

でも、相撲が好きだったわけでも、特定の力士のファンだったわけでもなかったんです。相撲クラブの練習は週四回、夜七時くらいまであったので、家に帰る時間が遅く、テレビで相撲中継を見る時間がないから、大相撲の世界を知らなかったんです（笑）。

五年の時には、わんぱく相撲全国大会に出場して、中学二年で全中（全国中学生相撲選手権）の舞台を経験することもできました。ですが、この頃、体がズバ抜けて大きかったわけじゃないんです。たしか、中学一年で六十キロくらいだったでしょうか。小学生の頃は、野球に憧れていて、そういう道に行ってみたいという気持ちもありましたが、「やっぱり自分は相撲のほうが向いている」と思ったんですね。

相撲を続けるという決意をしたからには、体を大きくしなければならない。たくさん食べて、体を大きくするというのは、自然の流れです。その頃は、「食べさせられている」という感じでしたけど、食べるのは好きなほうなので、苦にならなかった。母が作ってくれる甘めのカレーなら、ゴハンは何杯でもいけましたね。でも、三人兄弟（姉、弟）で体が大きいのは私だけ。あとの二人は痩せているから不思議です（笑）。

たくさん食べた結果、熊本農高に進んだ頃には、体重は百キロを超えるようになっていました。相撲漬けの毎日でしたけど、三年で国体で個人優勝（少年の部）するなど、ある程度自信が付いてきました。そして東農大から、「ウチに来ないか？」というお誘いを受けたんです。高校の監督、コーチも農大相撲部出身。そういう意味では、進みやすい道だったと思います。

でも、いざ農大相撲部に入ってみると、部員は三十人前後いるし、個々のレベルが高い。全国の強い選手が集まってきているので、当然なんでしょうが、面くらうというか、「さすが、東京！」と感じましたね。相撲部の合宿生活はしんどいところもあったけれど、食事もおいしいし、体重も増えて、大学二年のインカレ（全国大学相撲選手権）を迎えました。

大学相撲をやっている選手なら、「学生横綱」のタイトルがほしいと全員が思っているでしょう。この時私は、予選から勝ちこんでいって、決勝トーナメントに進出。準決勝で川口選手（九州情報大一年）に勝ち、決勝に駒を進めます。この時の相手、中村選手（大輝＝日体大一年）は、今の幕内・北勝富士《ほくとふじ》ですが、私は二年生で、チームの中ではわりと気楽な立場だったので、のびのび相撲が取れた。相撲内容はというと、秋場所千秋楽の翔猿戦のような土俵際で逆転する危なっかしいものだったのですが、優勝。憧れの学生横綱の座を手にしたのです。ちなみに、この時の三位、大道《おおみち》選手（久司＝東洋大一年）は今の御嶽海で、大相撲の土俵で戦っている相手でもあります。

大相撲に進む場合、インカレで優勝すると、幕下十五枚目格付け出しの資格を得られます。ただ、この時私は、資格を駆使しませんでした。私は大学二年、学ぶことはまだたくさんあると思ったし、その時、自分の進路を決めようとは思わなかった。翌年も、インカレの決勝で中村選手と対戦しているんですが、私が負けて、準優勝。四年時は大きなタイトルを獲れず仕舞い――。

大相撲に挑戦することを決めたのは、十二月のことです。教育実習にも行きましたが、教職が自分に向いていると思えなかったし、力士という職業こそ、自分のやりたいことだ……とやっと思えたんですね。

付け出し資格は一年で失効する（当時）ので、私は序ノ口からのスタートとなりました。入門した時津風部屋と東農大は初代・豊山関（元大関＝時津風理事長＝東農大出身）の時代から、深い縁があります。以来、何人もの学生が時津風部屋に入門、現師匠（元前頭・時津海）も、私の先輩に当たります。また、毎年三月の春場所前には、時津風部屋の大阪宿舎で合宿を張り、稽古を付けてもらっているので、部屋の雰囲気や兄弟子たちにも馴染みがありました。特に時天空《ときてんくう》関（のち、間垣《まがき》親方＝故人）には、厳しく稽古をつけていただきました。いろいろな意味で恵まれていて、自分に合った環境を選べたと思っています。

そして、一年半かけて十両昇進が決まった時、記者会見で「対戦してみたい力士は？」と問われて、「できれば誰とも当たりたくないです」と発言して以来、「ネガティブ力士」というニックネームをいただきましたが、まあ、あまり自分を全面に出すような性格じゃないことだけは確かです（笑）。

平成二十九年初場所には新三役（関脇）に昇進したのですが、その後、好成績を維持することは難しかったですね。前年には、熊本で大規模な地震が発生し、地元のみなさんが被害に遭いました。幸い、私の実家は大きな被害は免れたものの、熊本を代表する力士として、よい成績を挙げようと思えば思うほど、空回りしてしまうというか……。自分でもふがいない思いでした。

ようやく心身のバランスが整ってきたのは、昨年（令和元年）の九州場所からです。そこから十一勝、十三勝と好成績が続いて、もう少しで優勝というところまで競い合うことができました。

秋場所「三度目の正直」で初優勝。大関の座も手にしたのですが、「大関」と呼ばれることには、まだ照れがありますね。「大関！」と言われて、「あれっ？　誰のことだろう？」と思って、周りを見て自分しかいないんだから、納得したり……。

大関という地位は、入門した力士、みんなが憧れて、目指す地位だと思っています。そこに自分が立っていることは、まだ不思議な気分です。十一月場所は、新大関として土俵に上がりましたが、前に出る相撲がなかなか取れず、三日目の髙安戦で土俵下に落ちた際、足首を痛めてしまいました。五日目から休場となってしまい、みなさんの期待に応えることができず、申し訳なく思っています。一日も早くケガから復活し、また力強い相撲をお見せできるよう、精進していきます。

「小説推理」令和二年（二〇二〇）十二月号、令和三年（二〇二一）一月号掲載

髙安《たかやす》晃《あきら》

平成二十九年夏場所は、私にとって初めての「大関獲り」の場所となりました。初場所は、白鵬関、鶴竜関を破って十一勝。春場所は初日から十連勝で十二勝を挙げて、波に乗っていました。平成二年生まれの私は、二十歳で新十両に昇進して以来、「平成初の～」という枕詞《まくらことば》で呼ばれてきました。新十両、新入幕、新三役……と、平成生まれのトップを走ってきたのですが、大関昇進は照ノ富士（平成三年生まれ）に先を越されてしまいました。

ようやくやってきた大関獲りのチャンスを逃すわけにはいきません。ですから、場所前には「初日から堂々とやって、全勝を目指します」と強気の発言をして、自分に活を入れたのです。

この場所、同じ部屋の兄弟子、横綱・稀勢の里関は、春場所で負った怪我の影響で、途中休場。一緒に戦ってきた兄弟子の休場はショックでしたが、とにかく大関昇進に向けて、自分の相撲を取り切るしかありません。六日目に玉鷲関に敗れて、「全勝」の夢は打ち砕かれてしまいましたが、九日目に勝ち越すことができました。

大関昇進基準（三十三勝）をクリアするには、この場所、十勝以上が必要なのですが、十勝目がかかったのが、十二日目の宝富士《たからふじ》戦でした。

この相撲、モロ手で相手を起こして、突いていこうと考えていたのですが、強引に上手投げを打ったことで、相手を呼び込んでしまって……。土俵際で、辛くも投げが決まりましたが、全然自分の相撲が取れませんでした。「十勝」を意識しすぎて、自分の気持ちの弱さが出た一番だったと思います。

スポーツマンには、運命を決める分岐点があると思っています。私にとってはこの一番がまさにそうでした。振り返ると、しょうもない相撲内容だったけれど、この白星があったからこそ、翌日の横綱・日馬富士戦にも勝てたし、大関昇進につながったのだと思います。

[プロフィール]
髙安晃。本名、同じ。平成2年2月28日、茨城県土浦市出身。平成17年春場所、初土俵。22年九州場所、新十両昇進。23年名古屋場所、新入幕。29年名古屋場所、大関昇進。令和2年初場所、大関陥落。殊勲賞4回、敢闘賞6回、技能賞2回、金星5個。187センチ、172キロ。得意は突き、押し。左四つ寄り。田子ノ浦部屋。

[大関への道のり]

平成	2年 2月	茨城県で生まれる
	17年 3月	鳴戸部屋に入門
	22年11月	新十両昇進
	23年 7月	新入幕
	25年 9月	新三役昇進
	29年 7月	大関昇進
令和	2年 1月	大関陥落

「大関の名に恥じぬよう、正々堂々精進します」というのが、伝達式で述べた口上です。三役に定着するくらいの時期から、僕は「正々堂々」という言葉を胸に、相撲に取り組んできました。大関に上がるにあたって、もう一度しっかりそれを自覚して、自分の覚悟としていこう……と。

この時、亡くなった先代師匠（鳴戸親方＝元横綱・隆の里《たかさと》）の顔がふっと脳裏に浮かびました。僕が相撲界に入ったのは、先代師匠のお声がけがあったからですし、相撲界に入ったからこそ、今の自分がある。右も左もわからない「甘ちゃん」の僕を気にかけてくださって、たくさんのことを教えてくれた師匠。本当に感謝の気持ちしかないのですが、大関に昇進した僕を、天国からどんなふうに見てくれているのかな……と思ったんですね。

僕の子どもの頃の夢は、プロ野球選手になること。小学四年から、地元・土浦のリトルリーグに入っていて、プロ野球を見るのも大好きでした。小学生の頃は、熱烈なジャイアンツファン。中でも好きだったのが高橋由伸選手で、他にも松井秀喜選手、清原和博選手、仁志敏久選手……とスターがいっぱいいて、助っ人にドミンゴ・マルティネス選手がいて……。僕はマルティネス選手に似ていたから、「マル」って呼ばれていたんですよ（笑）。

土浦一中では、野球部に入りました。その頃は、だいぶ体が大きくなっていたので、ポジションはキャッチャーかファーストでしたが、走るのは速かったんですよ。高校に進んでも野球を続けようと思っていたのですが、中学三年の進路相談で、担任の先生から「体が大きいのだから、相撲をやってみたらどうだ？」と勧められたんですね。

この時、僕の中に「相撲」という選択肢は皆無でしたね。テレビで相撲を見たことはほとんどなかったし、力士で知っているのは朝青龍関くらい。この話に乗り気だったのは、親父です。隆の里関のファンだった親父は、引退して、千葉県松戸市に鳴戸部屋を興していた師匠に電話をして、部屋見学のアポを入れてしまった。一月、冬休み中のことでした。

「見学」という名目だったのに、なぜかこの日は稽古は見せてもらえなくて、二階の師匠の自宅のほうに招かれたんです。そこで出てきたのは、特上鮨！「世の中に、こんなにおいしいものがあるんだ～」と、感激しかなかったですね（笑）。

食べ終わると、パンツ一丁にされて、師匠が僕の体をペタペタ触ってきて……。「いい筋肉しているなぁ」とか、「すごいねお父さん、息子さんの筋肉はゴムみたいだ。もっと太くなるね」などと、やたらと体を誉めてくださるんです。当時、百八十センチで百二十キロ近くありましたからね。誉められて、イヤな気持ちになる人間はいないわけで……。

でも、僕の心が動いたのは、別の部分でした。直前の場所（十六年九州場所）は、稀勢の里関が新入幕を果たした場所だったのですが、

「稀勢の里は、強くなって親にマンションを買ってあげたんだよ。君も強くなれば、親孝行ができる」

と師匠が言ったことでした。

僕の母がフィリピン出身ということで、両親はフィリピン料理屋を営んでいました。強くなれば、両親の力になれるかもしれないと思ったわけです。

それと、自分の身一つで、お金を稼げる仕事への憧れもありました。憧れていたプロ野球選手ではないけれど、大相撲も「プロ」の世界ですからね。

こうして、僕は十七年三月、鳴戸部屋に入門、初土俵を踏みました。覚悟を決めて入った相撲の世界でしたが、十五歳の僕にはすべてが厳しいものでした。もちろん相撲の経験はないので、四股、テッポウ、股割りなども一から教わります。昼過ぎまでの稽古の後は、新弟子として掃除や雑用などが続き、自分の時間などはありません。集団生活そのものが苦手でした。

そうした日々に耐え切れなくなった僕は、部屋から逃げ出して、実家へ戻ったこと

が何度かありました。ある時は、松戸の部屋から土浦の実家まで、六時間かけて自転車で逃げ帰ったこともありました。本当に、甘ちゃんでしたね。でも、そのたびに「脱走なんて、筋が通らない！」と親父から殴られて、車で部屋に連れ戻されて……。

入門当初は、こんなことの繰り返しですから、相撲の成績もパッとしませんでした。ところが、入門二年目の時、親父が重い病気を患ってしまったんです。こんなことじゃいけない！　家族の緊急事態に僕も目が覚めましたね。「脱走」を卒業した三年目には、三段目に上がり、部屋の生活にも少しずつ慣れてきました。

一方、兄弟子の稀勢の里関は、二十歳で三役に昇進。「将来の横綱」と期待され、師匠の指導も厳しさが増していました。

部屋の生活に慣れてきた入門三年目、三段目に昇進。四年目、十八歳で幕下昇進を果たします。当時の鳴戸部屋の稽古は厳しかったと思います。師匠は、角界きっての理論派。稽古場では身振り手振りをまじえて、体の使い方などを具体的に指導してくださいました。稽古途中で講話が長くなることもしばしばで、朝稽古は昼過ぎまで続きました。他の部屋の場合、朝稽古は十一時くらいで終わるようですから、稽古時間は長かったし、私も一日百番くらいの稽古をこなしていました。

部屋の兄弟子にあたる稀勢の里関は、二十歳で三役に上がるなど、部屋では突出した存在でしたが、師匠は稀勢の里関に対しても、日々厳しい稽古を課していました。たしか私が三段目の上位の頃、初めて稀勢の里関に胸を出していただきましたが、その時の圧力は忘れられない。スゴイ人だな……と感じたことを覚えています。

平成二十二年秋場所、私の番付は幕下十三枚目。相撲協会の規定で、「幕下十五枚目以内で七戦全勝の場合、十両昇進が濃厚」というものがあるのですが、過去二場所、十五枚目以内で好成績を残せなかった私は、秘かに全勝を狙っていました。もちろん狙ってできるものではないのですが、この場所は初日から四連勝で勝ち越し。その後も勝ち込んで、七番相撲は六戦全勝での祥鳳《しょうほう》戦。この一番を制した私は、七戦全勝優勝を果たして、翌場所での十両昇進を決めます。

二十歳。「平成生まれ、最初の関取」と、メディアに取り上げていただきました。この時、私と同時に昇進したのが、同じく日比ハーフの舛《ます》ノ山《やま》（舛乃山）です。舛ノ山も平成二年生まれ（学年は一年下）で、「彼には負けたくない」という気持ちがあったことも事実。いろいろ迷惑をかけた両親には、「少しは恩返しできたかな……」と思いましたね。

十両昇進のタイミングに、師匠からは改名のお話もいただきました。稀勢の里関の場合も、十両昇進時に、本名から師匠が熟考した四股名に変えたのですが、私の本名

「髙安」はかなり珍しい苗字なんですね。「全国の髙安姓の人の象徴となり、この姓を知ってもらいたい」という父の願いもあり、師匠には本名で取ることを許していただきました。

十両三場所を経て、二十三年名古屋場所で新入幕を果たすことができました。ところが、この年の十一月、九州場所が始まる直前に、師匠が急逝してしまいます。朝稽古場で普段通りの指導をしてくださった師匠の死を、すぐに受け入れることはできなかった。入門して七年。「甘ちゃん」だった私を、叱りつけることもせず、温かく見守ってくれた師匠。その恩義に報いなければならない――。この時は、そう強く思ったのですが……。

その後の私は、一旦三役に上がったものの、前頭中位を行ったり来たりという成績でした。ようやく三役に定着したのは、二十八年名古屋場所からです。翌年初場所からは、十一勝、十二勝、十一勝と好成績が続き、大関取りに成功。名古屋場所では新大関に昇進するのですが、思えば、ここからがイバラの道の始まりでした。

新大関の場所は勝ち越しましたが、翌秋場所二日目の相撲で、右太ももを負傷し、途中休場でいきなりカド番に追い込まれます。九州場所ではなんとか勝ち越したものの、再び同じ部位を痛め、途中休場。三十年夏場所も、上腕の負傷で全休と、二度目のカド番に……。

それでも、その年納めの九州場所は、前場所に引き続き好調で、二敗のまま十四日目を迎えます。対戦相手は、一敗でトップを走る小結・貴景勝。勢いに乗る若手に、大関が負けるわけにいかない！　貴景勝に勝ち、二人が二敗で並んだ千秋楽結びの一番の相手は、関脇・御嶽海。

前の取組で、すでに貴景勝は錦木に勝って二敗をキープしているため、二敗同士の優勝決定戦に持ち込むには、御嶽海に勝つしかありません。この時の御嶽海の右からのおっつけは強烈だった。なんとか体を起こして、胸を合わせて、強引に寄っていったのですが……。最後は、御嶽海のすくい投げに敗戦。初優勝の夢は消え、結果は貴景勝の優勝となってしまいました。

今、振り返っても、この一番くらい悔しい相撲はないですね。じつは、御嶽海も日比ハーフで、私と同じような家庭環境で育ったこともあり、普段から仲がいいんですよ。言ってみれば、「カワイイ弟分」のような存在なんですが、私にとって大切な一番でとんでもない力を発揮してきた。すでに負け越しが決まっていた御嶽海に、こんな力が残っていたとは……。

令和元年秋場所は、左ヒジの負傷で全休、三度めのカド番で迎えた九州場所の中日、私は土俵入り後に腰痛が悪化し、急遽休場を余儀なくされてしまいます。十五場所務めた大関から下がることになりました。

大関という地位は、協会の看板。生半可な気持ちでは務まらないし、キツイ地位だと思います。つねに「勝たなきゃいけない」というプレッシャーに潰されていたのかもしれない……と、今となっては感じています。

昨年（令和二年）三月場所は、新型コロナウイルスの影響で、無観客で開催されました。前頭筆頭で臨んだこの場所、四日目は横綱・鶴竜戦。この相撲、突き落としで敗れた時、私はハムストリングを切ってしまった。そして、五日目から休場。結果的に全敗扱いとなってしまい、七月場所は前頭十三枚目まで番付を下げました。でも、そこから二ケタ勝利が続いて、同年十一月場所では、小結に復帰することができました。

中止になった五月場所の間、私は三月場所で痛めた左足のケガの治療に専念することができたし、体をもう一度作り直すこともできた。そういう意味では、有意義な時間を過ごすことができたと思います。

令和二年に入籍した妻（歌手の杜このみ）との間に、令和三年二月には第一子が誕生する予定です。私がケガで悩んでいる時も、妻はずっと親身になって支えてくれました。

今の目標は、大関復帰です。物事には波がある。悪い時期もあれば、いい時期もあると思っています。今年は、すばらしい年にしたいですね。

「小説推理」令和三年（二〇二一）二、三月号掲載

朝乃山広暉《あさのやまひろき》

平成から令和へと、元号が変わって初めての本場所、私は前頭八枚目という地位で臨みました。

初日の魁聖戦から、自分得意の右差しで相撲を取れたこともあって、五連勝と好調なスタートを切ります。六日目に一敗を喫したのですが、七日目からまた五連勝。十一日目を終えた時点で、優勝戦線のトップに立つという状況になりました。

幕内力士になって、二年弱。まったく予想していなかった展開に戸惑うばかりでしたが、好調の伏線に思い当たることもあります。じつは、前の場所（平成三十一年春場所）、勝ち越しを目前にした私は、生ものを食べて食中毒を起こし、終盤戦に失速。結局、負け越しという結果に終わってしまった。七勝を挙げてからの五連敗ですから、

相当悔しかったんですよ。五月には新元号に変わることだし、気持ちを入れ替えるためにも、私は稽古方法やトレーニングを見直し、食生活にも気を配ることを決めました。反省を生かして、本場所中はアルコール類や生ものを、絶対に口にしないことも励行。

こうしたことが、すぐに効果として現れたのかはわかりませんけど、横綱・鶴竜関と優勝争いをするという機会に恵まれたのは、自信になりましたね。それと、十一日目に二ケタ（十勝）勝ったあたりから、テレビとかで「一敗、朝乃山」などと紹介されるのも、最高に気分がよかった（笑）。

ポイントは、十三日目の栃《とち》ノ心《しん》戦でした。大関復帰を目指す関脇の栃ノ心関は、この相撲で勝って十勝を挙げれば、大関に返り咲きが決まります。私も二敗を守りたいという思いで、栃ノ心関を土俵際まで追い詰めたのですが、土俵際で引き技を食って

[プロフィール]

朝乃山広暉。本名、石橋広暉。平成6年3月1日、富山県富山市出身。富山商高から近畿大学に進み、28年春場所、三段目付け出しでデビュー。29年春場所、新十両昇進。秋場所、新入幕。令和元年夏場所、平幕優勝。2年春場所後、大関昇進。優勝1回、殊勲賞2回、敢闘賞3回、技能賞1回、金星1個。187センチ、174キロ。得意は、右四つ寄り、上手投げ。高砂部屋。

[大関への道のり]

平成 6年	3月	富山県で生まれる
28年	3月	高砂部屋に入門
29年	3月	新十両昇進
	9月	新入幕
令和元年	5月	初優勝
2年	5月	大関昇進

写真／時事

しまい、行司軍配は栃ノ心関に——。大関復帰を確実にしたと確信した栃ノ心関は、小さなガッツポーズを見せていました。

ところが、ここで「栃ノ心の右のかかとが土俵を割っていたのでは?」と物言いがつきます。土俵下で審判団の協議を待っている時間は、本当に長く感じましたね(笑)。実際、長い協議だったのですが、結果は、行司差し違えで私の勝ち。「自分が負けた」と思っていただけに、「ラッキー」以外の何物でもありません。当時の師匠(高砂親方=元大関・朝潮)からも、「怪しい相撲を拾ったんだから、次はしっかり勝てよ!」とアドバイスされましたが、優勝を引き寄せた一番だったことに間違いありません。

この日、鶴竜関が敗れて三敗になったため、翌十四日目の大関・豪栄道戦で私が勝ち、結びの一番で鶴竜関が敗れれば、私の初優勝が決まるという流れになりました。長く大関を務める豪栄道関と、まだ三役経験のない自分とでは、実力自体がまったく違います。ところが、波に乗った私は大関と右四つで渡り合い、上手投げから寄り切りで勝利。もう、信じられなかったですね。そして、結びで鶴竜関が栃ノ心関に敗れたことで、私の初優勝が決まりました。十四日目での初優勝。実感は、なかなか湧かなかったです。

優勝の実感を得たのは、翌日、千秋楽の表彰式でのことでした。この日は、来日していたアメリカのトランプ大統領（当時）が国技館で相撲を観戦。表彰式では、安倍晋三首相（当時）からの内閣総理大臣杯に続いて、アメリカ合衆国大統領杯をいただくことになりました。

「アサノヤマ、ヒデキ！」

私の四股名を読み上げて、五十キロもの大統領杯を手渡していただいたトランプ大統領は、やっぱり大きかった。百九十センチくらいあるんでしょうか？　視線の高さはほぼ同じ位置でした。

この初優勝に、私の地元・富山も大騒ぎになりました。富山県からの優勝力士は、横綱・太刀山《たちやま》関以来百三年ぶりとのことで、場所後には、富山市でのパレードや母校（富山商高）訪問、トークショーなどが開かれ、さらに大学（母校の近畿大学）近くでもパレードやセレモニーをしていただき大忙し。うれしい悲鳴となりました。コロナ禍の今となっては、信じられないほど、多くの皆さんに集まっていただき、祝福していただいた。こうした皆さんの応援を力にしていかなければ……と、私はこの時、心に誓ったのです。

私が生まれたのは、富山県富山市。三人兄弟の真ん中で育って、いろんな意味で自由に過ごしてきたと思います。小学四年生からは、ハンドボールを始めました。その頃、学校の先生に誘われたのが相撲。相撲の地区大会に出たのがきっかけで、相撲の練習も始めたんです。母校の富山市立呉羽《くれは》小学校に横綱・太刀山関由来の「太刀山道場」という土俵があったことも、何かの縁でしょう。

私はハンドボールのほうに力を入れていて、中学でもハンドボール部に入部していました。でも、相撲に引かれるところがあり、相撲部に入部し直して、相撲一本でがんばることにしました。三年生の時、全国大会出場を果たした私に、声をかけてくださったのが、富山商高相撲部の浦山英樹監督でした。浦山先生の指導は厳しかったけれど、相撲の基礎を教えていただいて本当に感謝しかありません。そして、まだ体も細く、目立つ存在ではなかった私に、大学相撲の道を拓いてくださったのが、近大の伊東勝人《かつひと》監督。全国から強い選手が集まってくる近大では、私はなかなか目が出なかった。でも、四年生では国体や全日本選手権で実績を残せるようになってきたんです。

同期の中では、早くから大相撲入門を視野に入れている選手もいましたが、私は高砂部屋からのお誘いを受けても、将来を決めかねていました。「富山におまえの就職先はない。高砂部屋に入りなさい」と、浦山先生から言われたことで、決心したというか……。こうして、私はその年（平成二十八年）の一月に制度化された、三段目付け出し適用第一号として、高砂部屋からデビューすることになったのです。

デビューの春場所は、一番相撲から、同期入門で大学時代競い合っていた小柳（現・豊山＝東京農大出身）との対戦。残念ながら黒星発進となり、その場所は五勝二敗。

「入門当時の朝乃山は、光る物がな〜んにもなかった」

と、後日、当時の師匠が語っていたように、たぶんそうだったんでしょうね（笑）。私自身、プロの水に慣れることで精一杯。それでも、翌場所から二場所連続六勝を挙げて、秋場所では幕下に昇進。「やる気」が表に出てきたのは、この頃だったかもしれません。

秋場所も六勝で、翌九州場所では全勝すれば十両昇進が望める、幕下十四枚目に躍進します。じつはこの時、名門・高砂部屋はある危機に直面していました。長らく関取を務めていた朝赤龍関（現・高砂親方）が幕下陥落のピンチに追い込まれており、このままでは百三十八年間高砂部屋が輩出し続けていた関取が途絶えてしまう。それを阻止するには、私がこの場所で全勝して、十両昇進を決めるしかなかったのです。

ところが、私は五勝二敗。十両の朝赤龍関（現・高砂親方）も四勝止まりで、「名門」と言われる高砂部屋から、関取が消えるという事態になってしまいました。

伝統の灯を消してしまったことに、責任を感じました。それを払拭するためには、自分の手で十両の座をつかみ取るしかありません。翌二十九年初場所、幕下七枚目で臨んだ私は、一番相撲から自分の相撲が取れて、七戦全勝優勝。十両昇進が確実になり、高砂部屋の「関取不在」は一場所限りで終わったのです。

それを機に、四股名を本名の石橋から、「朝乃山英樹」に改名しました。高砂部屋伝統の「朝」、同郷の横綱・太刀山の「山」。母校・富山商高相撲部の恩師、浦山英樹監督から「英樹」の名をいただきました。私が入門する時、相撲の基礎を教わった浦山監督からは、「富山のスーパースターになりなさい」と送り出されました。ところが、私が幕下優勝を決めた翌日、四十歳の若さで他界されてしまって……。これからの私をずっと見守っていただけると思っていた恩師の死は本当にショックでしたが、監督の名前を背負ってがんばっていこう！　という決意にもつながったのです。

十両は三場所で卒業することができました。

新入幕の秋場所、七日目までは勝ち負けが交互に並ぶ展開だったのですが、その後、勝ち星が続き、十三日目を終えた時点で、九勝四敗。この時、単独首位（三敗）の大関・豪栄道関を一差で追うという展開となったのです。

最終的に、十勝五敗の二ケタ勝利。新入幕の場所で、勝ち越せるとは思っていなかったし、なおかつ上位力士とも対戦することもできて、自分自身が一番驚きました。敢闘賞もいただいて、大きな自信につながった場所でした。

ただ、幕内の土俵は、甘くなかったです。翌場所は負け越し、それからも幕内下位で勝ったり負けたりを繰り返し、一年が経過。ようやく自分の相撲が取れるようになったのは、三十年名古屋場所のことでした。九日目を終えて、八勝一敗。前頭十三枚目の地位で、場所の最終盤まで優勝争いに絡むことができて、二度目の敢闘賞を受賞。ところがその後、私は前頭上位に番付を上げることができずにいました。しかし、前頭八枚目で臨んだ令和元年夏場所、十二勝三敗で初優勝。

思い返せば、この初優勝が私の転機になりました。翌名古屋場所では、前頭筆頭に番付を上げて、初めての上位挑戦となりましたが、負け越し。所属する高砂部屋には、私以外に幕内力士はいません。さらに「上」を目指すためには、格上の力士と稽古を積まなければ……と考え方を変えたのです。

横綱・白鵬関には「(朝乃山は)私の後継者となって、相撲界を引っ張る存在になるかも」と言っていただき、発言の真意はわからないのですが、白鵬関の胸をお借りすることもありました。秋場所は十勝、九州場所では初の三役(小結)で十一勝。令和二年初場所は関脇で十勝と、「大関」が狙えるところまで迫ってきました。

初場所中には、悲しい出来事もありました。大阪から両国国技館に私の相撲を観戦にいらした、近大相撲部の恩師・伊東勝人監督が、その晩に体調を崩して、五十五歳で急逝。私が病院に駆けつけた時には、すでに息を引き取られていました。高校時代、目立った成績が残せなかった私を、近大にスカウトしてくださり、大きく育てていただいたのは、伊東監督のおかげです。翌春場所は、大関取りの場所となりました。新型コロナウイルス感染拡大防止のため、無観客でおこなわれた春場所。シーンと静まり返った会場で相撲を取るのは、最初は戸惑いました。でも、周囲のことはあまり気にしないように、自分の相撲を取り切ることに集中しようと言い聞かせた十五日間でした。

大関昇進の基準は、三場所の勝ち星が三十三勝以上というもの。私の場合、春場所で十二勝以上を挙げることが必要です。十二日目を終えた時点で二敗だったものの、十三日目、白鵬関に敗れ、十四日目にも横綱・鶴竜関に敗戦。この時点で四敗ですから、「もう昇進はないな。出直しだな……」と諦めていたんです。でも、「千秋楽に勝って、十一勝すれば、次の場所につながるのでは？」と考え直して、千秋楽の大関・貴景勝戦は立ち合いから、思い切って行きました。

押し倒しで勝利。会心の相撲だったと思います。私の大関昇進が決定したのは、打ち出し後のことでした。基準に届かない三十二勝での昇進です。欲を言えば、横綱に勝って昇進を決めたかったけれど、とにかく「信じられない」思いでしたね。

「大関の名に恥じぬよう、相撲を愛し、力士として正義を全うし、一生懸命努力します」

三日後の大関昇進伝達式で述べた、私の口上です。母校（富山商高）の教訓や大事にしていた言葉を入れたものなのですが、間違わずに言えて、ホッとしました。

五月の夏場所は、コロナ禍で中止。大関デビューは、二カ月遅れの七月となりました。自粛期間中は、ネガティブなことを考えないように、普段通りの生活を心がけるようにしていました。そうして迎えた七月場所は、新大関で十二勝。十一月場所はケガのため、初めての休場も経験しました。

大関とは、選ばれた者しかなれない地位だと思います。そして、「協会の看板」として、つねに言動に気をつけるべきだとも思っています。もちろん、私は大関で終わるつもりはありませんが、「今のままでは難しい」とも感じています。

相撲は「心技体」が揃うことが大切だと言われていますが、私の場合、まだまだ心、技が伴っていない。

「格下の力士に負けられない」というプレッシャーに打ち勝つとか、得意の右四つになれない場合どうするか？　など、具体的な課題がたくさんあります。

これからも、日々精進あるのみだと思っています。

「小説推理」令和三年（二〇二一）四、五月号掲載

貴景勝光信《たかけいしょうみつのぶ》

平成三十年、入門五年目の私は、初場所で新三役（小結）に昇進。秋場所では三役に復帰するなど、飛躍の年になりました。

ところが、秋場所後、師匠の貴乃花親方（元横綱・貴乃花）が、相撲協会を突然退職されたことで、所属の貴乃花部屋が消滅。私を含めた八人の力士と裏方さんは、千《ち》賀《が》ノ浦《うら》部屋（師匠＝元小結・隆三杉《たかみすぎ》）へ移籍することとなったのです。

新しい環境、新しい仲間と共に戦うことになった九州場所、私は初日から絶好調。初日、横綱・稀勢の里関を押し込んだ後のはたき込みで白星を挙げたのを皮切りに、二日目は、ベテラン大関で、埼玉栄高の大先輩、豪栄道関に突き落としで勝利。初日から六連勝した後の七日目は、関脇・御嶽海関のはたき込みに敗れてしまいましたが、その後も勢いは続きます。

撮影／本誌・小島愛子

七勝一敗、単独首位で迎えた九日目の大関・栃ノ心関との一番では、怪力で知られる大関を一気に押し出すことができました。少年時代から知っている大関を破ったことは、自信につながりました。

折りしも、この場所は横綱・白鵬関、鶴竜関が初日から休場。稀勢の里関は初日から四連敗の後、五日目から途中休場となっていました。加えて、大関・豪栄道関も十二日目から休場し、終盤戦に入ると、「貴景勝、初優勝か？」と、周囲が騒がしくなってきました。

もちろん、私にとって、優勝戦線に参戦するのは初めての体験です。ハイライトは、十四日目の大関・高安関との相撲でした。この日、一差（二敗）で追っていた高安関との直接対決を私が制すれば、初優勝が決まるところでしたが、優勝はそんな簡単なものじゃなかった。私は、高安関を土俵際まで攻め込んだのですが、引き落とされて、

[プロフィール]
貴景勝光信。本名、佐藤貴信。平成8年8月5日、兵庫県芦屋市出身。埼玉栄高から、26年秋場所、初土俵。28年夏場所、十両昇進。29年初場所、新入幕。30年九州場所、初優勝。令和元年夏場所、大関昇進。優勝2回。殊勲賞3回、敢闘賞2回、技能賞2回。金星3個。175センチ、169キロ。得意は、突き、押し。貴乃花部屋―千賀ノ浦部屋―常盤山部屋。

[大関への道のり]

平成8年	8月	兵庫県で生まれる
26年	9月	貴乃花部屋に入門
28年	5月	新十両昇進
29年	1月	新入幕
30年	11月	初優勝
令和元年	5月	大関昇進
	9月	大関陥落
	11月	大関復帰

逆転負けを喫します。

そして千秋楽。私が錦木関との一番に勝ち、結びの一番で髙安関が御嶽海関に勝てば、二敗同士の優勝決定戦に持ち込まれるという展開になりました。

先に錦木関との相撲を制し、支度部屋に引き上げた私は、相撲中継を流している支度部屋のテレビに背を向けて、準備運動に励みました。髙安関が勝っても負けても、今場所二度目になる対戦に備えよう――。「平常心を保ちたい」という気持ちもあったと思います。その私に「吉報」が飛び込んだのは、十七時半頃だったでしょうか。テレビで状況を把握した付け人から、「初優勝決定」を告げられた時は、信じられない気持ちでしたね。

「まさか、優勝できるとは思わなかったです。今日も緊張したけれど、（勝ち負けではなく）力を出し切ることが目的だと思ってやりました。新しい部屋になって、一生懸命がんばることが結果につながると思って、内容を求めて取ったのがよかったです」

優勝直後のインタビューで、こう振り返った私。兵庫から福岡の会場まで、両親も駆け付けてくれました。幼い頃から私の相撲の練習に、根気強く付き合ってくれた父、たくさんのおいしい料理を作ってくれた母。これまで相撲を教えてくださった貴乃花親方、新しく師匠になり、私たちを優しく迎えてくださった千賀ノ浦親方（現・常盤《ときわ》山《やま》親方）と、おかみさん……。支えていただいた、いろいろな人の顔が浮かんできます。私が少しだけ「恩返し」できた瞬間だったと思います。

兵庫県芦屋市で育った私が、最初に取り組んだスポーツは、極真空手です。父に手ほどきを受けながら、五歳の時から始めたのですが、全国大会の決勝に進んだ時、どうも判定に納得がいかなかった。それがキッカケで空手は辞めて、興味を持っていた相撲を習い始めることになりました。

小学三年の時から、地元の少年相撲道場（関西奄美相撲連盟）に通い、四年生からは東京の道場にも行くようになりました。当時から憧れていた貴乃花親方が主催する「キッズ貴乃花」というところなんですが、兵庫から東京まで通うのは、さすがに親も大変だったと思います（笑）。

私はこの頃、本当に体が小さい少年でした。相撲は、食生活が大事ということで、一回の食事で、四百五十グラムのハンバーグ三枚、牛丼特盛三杯というノルマを父から言い渡されていました。今、考えても、「よく食べられたな」と思う量ですが、続けられたのは、父が私を見守ってくれていたからです。

こんなこともありました。小学五年の時、私が、「将来はプロに進みたい（力士になりたい)」と言ったら、同じ相撲クラブの人から、「そんなに小さい体じゃ、力士は無理だろ?」みたいな感じでバカにされたんです。

悔しかったですね……。そんな時でも、父だけは私のことを信じてくれて、

「キツイ稽古をこなして、見返そうな!」

と励ましてくれた。

私が「出身は、兵庫県芦屋市です」と言うと、「芦屋出身なのに、なんでそんなにストイックなんですか?」と聞かれることもあるんですが(笑)、ストイックに見える部分があるとしたら、「悔しい体験」が背景にあるからかもしれません。

両国国技館でおこなわれる、わんぱく相撲全国大会では、小学四~六年生の三年間、三位以内に入ることができました。大会期間中は、東京の相撲部屋に寝泊まりさせていただくのですが、その時を含めてお世話になったのが、春日野部屋の栃ノ心関です。うるさくまとわりつく私のような子どもの話を、イヤな顔一つしないで聞いてくれた、優しいお兄さん。果たして、今の私に、同じことができるかなぁ?(笑)

その後は、さらに本格的に相撲を学ぼうと、報徳学園中学に進みました。三年の時に、中学横綱のタイトルを獲って、力士になるか、高校進学か……と迷っている時です。埼玉栄高相撲部の山田道紀監督に声をかけていただいたのは……。

「プロで活躍したいなら、栄に来なさい」

このひと言は大きかったですね。

兵庫の親元を離れて、埼玉での寮生活。監督には礼儀作法を含め、相撲以外のこともたくさん教わったと思っています。親元にいる時は、掃除、洗濯、食事すべての面で面倒を見てもらっていたけれど、「どんだけ親に甘えていたのか！」と、恥ずかしくなりましたね。埼玉栄相撲部の生活は、百パーセント相撲漬け。そのおかげで、全国レベルの大会でタイトルも獲ることができました。

高校三年になると、かねてから抱いていたプロ入りの夢は、私の中で次第に大きくなっていきました。

「一日も早く、力士になりたい！」

こうした思いで、貴乃花部屋の門を叩いたのは、二十六年九月のことです。高校卒業までは、あと半年ほどありましたが、高校の勉強を続けながら、力士の道に挑戦することになったのです。

本名の「佐藤」で初土俵を踏み、子どもの頃から憧れていた貴乃花親方の元での生活は、すべてが勉強の日々でした。

平成二十六年九州場所、序ノ口で全勝優勝、そして、翌二十七年初場所は序二段で全勝優勝。わずか四場所で幕下に上がることができたのは、貴乃花親方に厳しく鍛えていただいたからだと思っています。そして、翌年春場所では、幕下九枚目で全勝優勝。十九歳で「関取」になることができました。

貴乃花親方からは、常々言われていたことがあります。

それは、「力士は体を鍛える前に、やるべきことがいっぱいある」ということです。落ちているゴミを拾う時にも、足腰をしっかり使う。昼のチャンコを食べた後は、昼寝して、体を休める。夕食後は、ボーッとテレビを見るとかでなく、自分のためになる本を読む。基本、早寝早起きを励行すること。

「強くなるためには、まわしをつけている時だけでなく、二十四時間すべての時間を相撲につなげるんだ」という教えです。

十両以上の関取は、付人が付きますし、稽古が終わった後の行動も、基本的に自由です。でも、私の場合、師匠の「早寝早起き」の教えに従って、夜は九時、十時には床につくようにしていました。

不自由さ？　それは感じなかったですね。夜は、歴史上の偉人の本を読みあさったり、栄養学について学んだり……。プロとして、勉強することはたくさんあります。

「強くなりたい」という一心で力士になったのですから、それが当然だと思っていました。

十両四場所目となる九州場所で、私は十両優勝。翌年初場所、新入幕を果たすことができました。このタイミングで、四股名をこれまでの本名の「佐藤」から、「貴景勝光信」に改めました。戦国武将の上杉景勝《かげかつ》にちなんでいて、とても気に入っています。

新入幕の記者会見では、「三役を目指します」と言いましたが、やはり幕内力士の壁は厚かった。その場所は、七勝八敗と負け越しましたが、翌場所も幕内に留まることができて、春場所は十一勝で敢闘賞をいただきました。この年は、秋場所、九州場所でも三賞を受賞して、翌年初場所での、新三役（小結）昇進が決まります。

ここから、三十年九州場所での小結での初優勝につながっていきます。その直前に、貴乃花親方の退職に伴って、貴乃花部屋から千賀ノ浦部屋に移籍。そうした事情もあったからこそ、「新しい環境で絶対にがんばらなければ！」と思いましたね。この初優勝は、これまで支えてくださった多くのみなさんのおかげでした。優勝後には埼玉栄高を訪問。高校を卒業して、四年。まさか、こんなにも早く、母校に凱旋できるなんて……。

母校や故郷のみなさんから、パワーをいただいて、私の次なる目標は、大関です。

大関昇進の基準は、三役で三場所の勝ち星が三十三勝ですが、先場所まで「大関」の地位など意識していなかっただけに、重圧はものすごかった。三十年初場所、十一勝を挙げた私は、秋場所以降三場所の勝ち星が、三十三勝。ところが、千秋楽、大関・豪栄道関に一方的に敗れたことなどもあり、この時は「時期尚早」ということで、昇進は見送られました。

もちろん、自分としてもギリギリのラインでの昇進は、望んでいませんでした。次の場所、しっかり結果を出して、昇進を決めたい！　気持ちはすぐに切り替わりました。

春場所は、十日目に勝ち越したものの、十四日目を終わって、九勝五敗。千秋楽は、大関・栃ノ心関との対戦です。この相撲で、私が勝てば、大関昇進が決定的となり、カド番で七勝七敗の栃ノ心関は、大関から陥落するという大一番。制したのは、私でした。

「勝った！」

ようやくプレッシャーから解放された一瞬でした。

「大関の名に恥じぬよう、武士道精神を重んじ、感謝の気持ちと思いやりを忘れず、相撲道に邁進してまいります」

これが、大関昇進伝達式で、私が述べた口上です。私は、「勝っておごらず、負けて腐らず」という言葉を意識していて、これは武士道の中から習得した言葉でもあります。「感謝の気持ちと思いやり」というのは、母校・埼玉栄高相撲部の部訓なんですが、高校時代があったから今があるという思いから、その言葉がスッと頭の中に浮かんできたわけです。

こうして、元号が令和に変わってすぐの夏場所で、私は新大関として土俵に立ちました。ところが、思わぬアクシデントに襲われてしまいます。四日目の御嶽海関との取組で右ヒザを負傷して、休場。でも、「このままでは終われない！」と思っていた私は、師匠に直訴して、八日目から再出場に踏み切ります。

ところが、思うように力が出ず、九日目から再休場。結果的に負け越して、カド番となった名古屋場所は全休。大関を二場所務めただけで、関脇に陥落。関脇での土俵となった秋場所は、十二勝で（十勝以上で大関復帰が可能）すぐに大関に返り咲きましたが、翌年春場所でも負け越して、再度カド番になるなど、大関に昇進してからの私は、あまりいいところがなくて、精神的にもうひと踏ん張りが必要だと思っていました。

だからこそ、令和二年九州場所で二度目の優勝。大関として、初めての優勝を成し遂げた時は、「やっと目標を果たせた」という気持ちでいっぱいだったんです。そして、翌場所は初めての「綱獲り」にもチャレンジしましたが、この時は結果を残すことができなかった。

大関とは、唯一、横綱を目指せる地位です。私は「大関で満足だ」とは思っていませんし、とにかく今は、横綱を目指して一生懸命やらなければならないと思っています。食べ物に関しても、たんぱく質の量を計算して、いい筋肉を作る努力をしています。令和二年に入籍してから、私を全面的にサポートしてくれる妻（元大関・北天佑の次女）にも感謝しています。また、同秋、所属部屋が千賀ノ浦部屋から常盤山部屋と名称が変わり、令和三年二月には東京・台東区から板橋区に部屋が移転。心機一転のチャンスだと思っています。

私は小学生の頃から、攻める相撲を取ってきました。だから、守りに入っちゃダメだと思っています。今、二十四歳の私が現役で相撲を取れる時間は、限られています。これからも攻めて攻めて、「一番上」を摑み取りたいと思っています。

「小説推理」令和三年（二〇二一）六、七月号掲載

清國勝雄《きよくにかつお》

「謹んでお受けいたします」

大関昇進の伝達式で、私が使者の親方に伝えた口上はシンプルなものでした。昭和三十八年九州場所、新入幕を果たした私は、二場所後（三十九年春場所）、関脇に昇進。師匠（伊勢ヶ濱親方＝元横綱・照國《てるくに》）らの期待を受けながら、その後、なかなか大勝ちすることができませんでした。

二十七歳になった四十四年夏場所。十二勝を挙げて、技能賞も受賞した私は、念願の大関昇進が決定。所属する伊勢ヶ濱部屋からは、二十八年ぶりの大関誕生とあって、師匠、そして後援会関係の方々にも、本当に喜んでいただきました。

昇進を受けて、出身地の秋田・雄勝《おがち》町では、町を上げての盛大なパレードを催してもらい、この時は地元のみなさんの期待の大きさに、身が震える思いでしたね。亡き父にも、大関昇進の報告を済ませることができました。

師匠には、「清國には、横綱に直結する大関になってもらいたい」と、ハッパをかけられていました。

写真／時事

「すぐにでも、横綱に昇進」

その期待に応えるためにも、お祝いムードに浮かれるわけにはいきません。

名古屋場所のために、愛知県の宿舎に乗り込んでからは、稽古のピッチも上がってきました。というのも、この場所、私が昇進したことで、大関は北の富士関、琴櫻関、玉乃島関の四人となりました。四人ともほぼ同世代ということもあって、「先輩大関には負けられない！」という気持ちが大きかったのです。

新大関初日の相手は、麒麟児《きりんじ》（のち、大麒《だいき》麟《りん》）。以前から、あまり得意とは言えない力士との対戦とあって、緊張感はかなりのものでしたね。昭和以降、大関になった力士は私を含めて四十一人いたそうですが（のち、横綱に昇進した力士も含む）、そのうち十三人は初日に黒星を喫しているそうです。

つまり、新大関の場所は、苦戦する――。新聞記者から、こうしたうれしくないデー

[プロフィール]

清國勝雄。昭和16年11月20日、秋田県雄勝郡雄勝町（現、湯沢市）出身。31年秋場所、初土俵。38年夏場所、新十両昇進。九州場所、新入幕。44年名古屋場所、大関昇進。初優勝を果たす。49年初場所、現役引退。52年、伊勢ヶ濱部屋を継承し、多くの力士を輩出。相撲協会理事を9期務めた。優勝1回、殊勲賞3回、技能賞4回。182センチ、133キロ。得意は、左四つ、寄り、押し。荒磯部屋ー伊勢ヶ濱部屋。

[大関への道のり]

昭和16年11月	秋田県で生まれる
31年 9月	初土俵
38年 5月	新十両昇進
11月	新入幕
44年 7月	大関昇進、初優勝
49年 1月	現役引退

夕を知らされると、変に意識してしまうもの。仕切りの時から、コチコチだったものの、寄り切りで勝利を収めた私は、大関としての船出をしました。

ホッとしたのも束の間、翌二日目の龍虎《りゅうこ》戦で、私は黒星を喫してしまいます。初日ほどの緊張感はなかったし、立ち合いもうまく踏み込めたのですが、割り出し気味に攻めて行った時に、腰が入り過ぎたのが敗因です。

四日目は、横綱・柏戸《かしわど》関の引退という出来事がありました。秋田県に隣接する、山形県出身の柏戸関の引退は、身につまされるものがありました。「いつかは自分もこんな日が来るのか……」などと、この時もネガティブな考えに陥ったものです。

以降、順調に白星を重ねた私でしたが、八日目の朝登《あさのぼり》戦で敗戦。稽古場ではほとんど負けたことのない相手なのに、朝登の強烈な叩きを食らって、土俵に手をついてしまったのは、あまりにも悔しかったです。

さて、優勝戦線は、十一日目にトップを走っていた、横綱・大鵬《たいほう》関と琴櫻関に土がついたことで、二敗の私にもチャンスが訪れます。十二日目は、同星の琴櫻関との対戦。立ち合いからのぶちかましが得意な琴櫻関に、私もぶちかましで対抗しようと考え、思い切り行ったのに、上手出し投げの注文相撲にはまってしまい、黒星。せっかく巡ってきたチャンスが、手元から逃げていく感覚でした。

ただ、最後の最後まで、どう転ぶかがわからないのが大相撲の世界。十四日目、琴櫻関が三敗となり、大鵬関、藤ノ川《ふじかわ》関、私が三敗を守って、千秋楽の私の相手は、大鵬関です。じつは、私と大鵬関は、昭和三十一年秋場所初土俵の同期生です。スピード出世だった大鵬関には、番付でずっと差を付けられてきたし、なにより向こうは大横綱、私は新大関です。そして、これまでの対戦でも、大切な場面で私は大鵬関に勝つことができなかった。

だからこの時、私に優勝の目があると見る人は少なかったと思います。ところが、本割で大鵬関を押し出しで下して、さらに優勝決定戦で藤ノ川関に浴びせ倒しで勝てたのは、自分でも驚きというか、もちろんうれしいのですが、なんと表現したらいいのかわからない気分でしたね。初めて抱いた優勝賜杯は、感激で重いのか軽いのかわからないくらいでしたし……(笑)。

ともかく、新大関の場所を優勝というこれ以上ない結果で終われたことは、応援してくれたみなさんのおかげ。特に、田舎のおふくろは一番喜んでくれたんじゃないかな……?

秋田県の雄勝町で生まれた私は、スポーツが好きな少年でした。とは言え、相撲は別。小学五年生の時、地元の相撲大会に出たものの、気乗りしなかったことを覚えています。中学では柔道部に入ったのですが、中学三年の時、町の道場の道場開きがあったんです。そこにいらしていたのが、師匠のお兄さんでした。そこから、師匠に連絡が入り、北海道巡業の帰りに、師匠みずからが私のところにいらっしゃったのです。

いきなり、

「裸になってみろ！」

と言われた私はびっくりしましたが、師匠は私の体をしげしげと見て、

「私は明日東京に帰るけれど、一緒に東京見物に行かないか？」

と、おっしゃるのです。

もうすぐ夏休みを控えていました。夏休みに東京に行くのも悪くないな……。そんな子ども心を、師匠は見抜いていたんでしょうね。

「じゃあ、夏休み中だけ、東京見物したらどうだい？」

と畳み掛けてくるのです。田舎の少年にとって、東京は憧れの街。

「よろしくお願いします！」

私は、「夏休みだけ」のつもりで、師匠と一緒に東京に向かいました。

夏休み中は、荒磯《あらいそ》部屋（当時）で楽しく過ごして、八月下旬には秋田に帰るはずの私でしたが、すでに学校に提出されていた「異動証明書」に従い、東京の中学校に転

校することに……。私を力士にさせるための、親方の「作戦」だと気づいた時には、すでに遅かった……という感じです（笑）。

こうして私は、元照國関の荒磯部屋に入門。三十一年秋場所、新弟子検査を受け、身長百七十七センチ、体重七十九キロで合格。翌三十二年初場所、「若い國《わかくに》」の四股名で序ノ口の番付に載りました。

「若い國」の「國」は、もちろん師匠「照國」の「國」ですが、この時、この四股名がどれほど重いものか……などということはわかりませんでした。

同期生はのちの大横綱・大鵬関の納谷を始め、幕内まで上がった、大心関《だいしん》、玉嵐関《たまあらし》、沢光関《さわひかり》などがいました。なにより、入門前は相撲を取ったことのない私です。序ノ口デビューの場所は、四勝四敗の五分という成績で、なんとか乗り切りました。上背があったことと、元来、力が強かったこともあって、翌場所以降もなんとか勝ち込んで、三十四年初場所で幕下に昇進します。

このあたりまでは、割合、出世は順調だったんじゃないでしょうか？　ところが、幕下昇進でホッとしたのか、出世のペースが遅くなってしまいます。もともと、師匠の強引な誘いで入った世界で、「強くなりたい！」という気持ちはあまりなく、日々の稽古も熱心とは言えなかった私。勝ちにこだわる意欲も薄くて、まぁのんびりしていたんですね（笑）。

三十五年初場所、私の番付は幕下二十一枚目。この時、同期生の納谷こと大鵬関は、新入幕で十二勝を挙げています。驚異のスピードで出世していく大鵬関は、この年の九州場所で優勝して大関昇進を決め、翌三十六年九州場所では二十一歳の若さで、横綱に昇進。この場所、私は幕下三枚目で負け越しているのですから、どれだけ差を付けられたかわかるでしょう。

私は二十歳となり、幕下力士としての生活も、四年目を迎えようとしていました。その少し前には、乗車中の車が交通事故に遭ったり、秋田の父親が他界したりと、あまりいいことがなかったんです。そこで、三十七年初場所から、心機一転、四股名を「梅ノ里《うめさと》」と改名。けれども、改名効果がなかったため、五月の夏場所、再度改名することになりました。同郷の元関脇・清瀬川《きよせがわ》関（五代伊勢ヶ濱親方）の「清」と、師匠（照國）の「國」から、「清國」。これ以上ない、豪華な四股名をいただいたのです。

この年十一月の九州場所、大きな出来事が起きます。同じ部屋の後輩の浅瀬川《あさせがわ》が、私に先駆けて、十両に昇進。それまでの私は、一日稽古をすると、翌日は稽古を休むといったことが多くて、当時のタクシー運転手の勤務形態から、「運ちゃん」というありがたくないニックネームを、師匠から付けられる始末。でも、さすがに後輩に番付を抜かれたのは、ショックが大きかったですね。

当時のある日の稽古場でのこと。立ち合い、頭から当たっていったら、相手がウソのように倒れたことがあったんです。

「あれっ？　今のはなんだろう？」

不思議な感覚に陥ったんです。この時に、こういう相撲を取ればいいんだ！　と気が付いて、私の中で急にスイッチが入ったんです。いい加減な稽古とはおさらばして、朝四時から真剣に相撲に取り組む生活が始まりました。

三十八年春場所、幕下筆頭で勝ち越した私は、翌場所、念願の十両昇進が決まりました。そして、この年の九州場所では、新入幕を果たし、翌場所の番付は、前頭十三枚目。ここで、奇跡のような快進撃が起こります。

初日、ベテランの出羽錦《でわにしき》関を寄り切りで破った私は、八連勝でストレートで勝ち越し。その後も、勢いは止まりません。九日目、この場所新入幕の北の富士関（現・解説者）の叩きに乗じて、押し出しで勝利し、その後も、小城ノ花《おぎのはな》関、豊國《とよくに》関、鶴ヶ嶺関、十三日目の海乃山《かいのやま》関との対戦はちょっと危なかったものの、勝ち星を挙げ、十四日目の富士錦《ふじにしき》戦にも勝ち、なんと十四連勝。

この場所、同じく十四連勝していたのが、同期生の大鵬関です。千秋楽、私の相手は関脇・大豪関《だいごう》。この一番で私が勝ち、大鵬関も結びの一番で勝てば、全勝同士での優勝決定戦。万が一、私が勝って、大鵬関が敗れれば、私の平幕優勝となるところだったのですが……。

そううまく、物事は進まないものです。本割の大豪戦、私は切り返しで敗れてしまい、大鵬関は柏戸関を叩き込みで破ったため、「番付通り」大鵬関の全勝優勝となりました。

ただ、千秋楽まで大鵬関と優勝争いができたことは、私の中で大きな自信になったことは間違いありません。翌春場所、私の番付は一気に関脇にジャンプアップ！　四日目には、先場所幻に終わった「同期生対決」、初めての大鵬戦が組まれたのです。先ほど触れたように、同期生でありながら、大鵬関の出世があまりにも早かったため、これまで私たちの対戦は一度もなかった。私が新十両に昇進した時、大鵬関の優勝回数はすでに十回。とにかく、大鵬関と対戦できる地位まで上がってきたことがうれしかったですね。結果は、寄り倒しで敗れてしまいましたが、いろいろな意味で、感慨深い一番でした。

その後、私は幕内上位から三役の地位に定着するのですが、大鵬関には勝つことができず、初顔から十連敗を喫していました。そうして、小結で迎えた四十一年夏場所は、初日に大鵬関との一番が組まれました。立ち合いからの攻防は、私のほうが不利な体勢のまま、土俵下まで攻め込まれたのですが、とっさに左から下手投げを打つと、タイミングよく決まり、初めて大鵬関を下すことができたのです。この場所、大鵬関は残り十四番をすべて勝ち、優勝を決めているので唯一の黒星だったのですが、私は負け越し。大鵬関を破って、殊勲賞受賞というわけにはいきませんでした。

四十三年に入ってから、私は三役に定着。四十四年は初場所十勝、春場所九勝、大関取りの夏場所で十二勝で、名古屋場所で大関に昇進。新大関の場所で、十二勝三敗で初優勝という最高の成績を収めることができました。

「次は横綱だ!」

そういう声は多くいただきましたし、年齢的にも力が出る時期だったと思います。ところが私は、優勝の翌場所、二日目の麒麟児戦で頸椎を痛め、そのケガが後を引くことになってしまった。四十六年夏場所には、十三勝二敗で準優勝したこともありましたが、好成績を続けることは難しかったですね。

引退を決めたのは、四十九年初場所中です。以前から心臓疾患に苦しみ、前の場所は途中休場していましたし、大関から下がってまで、相撲を取る気持ちはありませんでした。「引き際の美学」って言うのでしょうか? 当時はそういうことも大切でした。

要するに、大関としてのプライド。私はそれを貫いたと思っています。引退後は三十二歳という、最年少で協会理事に就任しました。九期（歴代二位）もの長きにわたって務めさせていただき、少しだけでも大相撲界にご恩返しできたのではないかと思っています。


「小説推理」令和三年（二〇二一）十、十一月号掲載

武双山正士《むそうやままさし》

平成四年十一月二十九日。この日は、「アマチュア横綱」を決める全日本相撲選手権大会が、国技館で開かれる日でした。

相撲に励んでいる選手にとって、一年間を締めくくる大きな舞台。また、この一年の成績がよかった選手のみが出場できる、特別な大会でもあります。

専修大学三年生だった私は、この大会に「将来の夢」を賭けていました。少年時代から相撲を続けてきた私に、勝利という結果がついてきたのは、「高校横綱」を獲った高校三年生の時。大学進学後も相撲部に入った私は、三年生になった頃から、「プ

ロ（大相撲）の世界で力を試してみたい！」と思うようになったのです。

それまでは実力不足でしたし、大相撲は「見る」もので、「やる」ものとは思っていなかった。かと言って、父の仕事を継ぐという決断もできなかった。けれども、三年に入ると、少しずつタイトルが獲れてきたこと、また、これまで大学相撲の世界で切磋琢磨していた二学年上の先輩方、日大の濱洲《はます》選手（のち幕内・濱ノ嶋＝現・尾上《おのえ》親方）や坂本選手（のち幕内肥後《ひご》ノ海《うみ》＝現・木瀬《きせ》親方）らが、大相撲に入門。彼らが活躍している姿を見て、力士志望が現実的なものになってきたのです。

そこで少年時代、相撲の基礎を教わった父に相談したところ、「学生横綱」（全国学生相撲選手権大会で優勝）か「アマチュア横綱」（全日本相撲選手権大会で優勝）を獲ることを条件に出されました。専修大学進学にあたっては、四年まで通い続ける約

[プロフィール]

武双山正士。本名、尾曽武人。昭和47年2月14日、茨城県水戸市出身。水戸農高から、専大に進み、3年時にアマ横綱に。平成5年初場所、初土俵。夏場所、新十両昇進。12年初場所、優勝。夏場所、大関昇進。16年九州場所、引退。優勝1回、殊勲賞5回、敢闘賞4回、技能賞4回。金星2個。184センチ、178キロ。得意は突き、押し、左四つ寄り。武蔵川部屋。

[大関への道のり]

昭和47年	2月	茨城県で生まれる
平成５年	1月	武蔵川部屋に入門
	5月	新十両昇進
	9月	新入幕
12年	1月	初優勝
	5月	大関昇進
	9月	大関陥落
	11月	大関復帰
16年	11月	現役引退

写真／時事

束でした。自己都合で三年で中退し、大相撲入りするには、「幕下付け出し制度」がいただける、ビッグタイトルを取らなければ、周囲が納得しない——というわけです。それには、私も得心しました。

ところが、その最後のチャンスの日、全日本相撲選手権が開催される国技館に向かう車で、私は事故に遭ってしまいます。幸い、体を打撲した程度で済み、タクシーに乗り換えて会場に向かったものの、開会式に遅刻。大学の監督、父にはこっぴどく叱られました。けれども、なぜか自分は冷静だったんです。

「起こってしまったことは、クヨクヨ考えても仕方がない。引きずってはいけない」

決勝戦に進むには、一日に十番弱の相撲を取るのですが、事故で逆に肝が据わったというか、予選トーナメントから冷静に勝ち進み、ついに準決勝へ。後から振り返れば、準決勝の斎藤（日体大教員）選手との相撲がヤマでしたね。決勝は、小柄な禧久《きく》（鹿児島商高教員）選手戦。じつは、禧久選手とは私が高三だった三年前にも対戦しているのですが、巧い相撲に敗れた苦い経験があります。

今回こそは！　立ち合いから一気に前に出る相撲を取った私は、突き出しで勝利。

この日、一番いい相撲で優勝を決められたことは、本当にうれしかったですね。父との約束を果たせたこの勝利がキッカケとなり、大相撲へ進むこととなったのです。

茨城県水戸市で生まれた私は、魚釣りやソフトボールが好きな普通の少年でした。

小学四年生の頃の体格は、百四十三センチ、三十七キロとごく普通。私の父（正人氏）は、相撲で国体に何度も出場するなどの実績があったので、いずれは息子にも相撲をさせたかったのだと思います。後日父は、

「武人が、『相撲を教えてくれ』と言ってきた」

と周囲に話しているようですが、私的には、「相撲を通じて、父とじゃれ合いっこしたい」程度の感覚で、本格的に学びたいというわけじゃなかったんですよ（笑）。ですが、やるとなったら徹底的にやるという父の方針で、自宅の庭に土俵を作って、朝晩、父子で相撲に取り組む日々が始まりました。朝は五時半に起床。父が見守る中、柔軟体操、腕立て伏せ、四股、ウサギ跳びなどのメニューをこなす。学校から帰ってからは、タイヤと鉄板を重ねたお手製の「ぶちかましマシーン」に向かって、ぶつかり稽古をするんです。

食べ物に関しても、徹底管理されていましたね。魚、肉、昆布、生野菜、野菜ジュースなど、朝食のメニューは八種類。昼の弁当も、父みずから二段重ねのドカ弁を作って、持たされてましたし、さらに、一日牛乳二リットル、チーズ一本などのノルマもありました。

不満を言えば、放課後、学校の友達が家に遊びに来ても、夕方四時半からトレーニングが始まるから、遊びはそれまでで終わっちゃうこと。とにかく、日々のトレーニングについていくのに精一杯で、けっして楽しくはなかったです(笑)。だけど、いい相撲を取った時は、オモチャを買ってくれることもあって、父の「飴とムチ」作戦にまんまと乗せられてしまったのかもしれません。

水戸農高進学後は、ジムで本格的に筋トレを始めて、三百キロのおもりを背負うフルスクワットをこなすなど、少しずつ力も付いてきたことが、高校で大きなタイトルを獲れた理由でしょう。八月の高校横綱獲得に続き、九月の国体でも優勝。私たちは、「相撲版・巨人の星」として、茨城県下ではちょっとした話題になったこともあるんですよ。

さて、平成四年の「アマチュア横綱」に輝いた私は、数日後に大相撲入門を表明しました。入門したのは、武蔵川部屋です。当時の武蔵川部屋は、入門五年目の武蔵丸関(のち横綱=現・武蔵川親方)が三役力士として部屋を引っ張っていて、師匠(武蔵川親方=元横綱・三重ノ海)の指導が厳しいことで知られていました。部屋には、最新のトレーニングマシーンも揃っていて、強くなるには最適な環境が整っていました。

五年初場所、私は本名の「尾曽」で力士生活をスタートさせました。その場所、幕下六十枚目格付け出しで七戦全勝優勝、翌春場所も七戦全勝することができ、二場所で関取昇進という最高のスタートを切りました。

新十両昇進に際して、最初に付けていただいた四股名は、「武双海」。けれども、私に「海」のイメージがないことや、字画などから、「武双山」に変更。どっしりとしたイメージが自分と重なるすばらしい四股名だと、今でも気に入っています。

十両昇進後も、勢いは止まりません。私は十両で九勝、十一勝と勝ち越して、秋場所での新入幕が決まります。ちなみに、デビューから四場所での新入幕は、朝潮さん（元大関＝前・高砂親方）、のちに弟弟子になる雅山（現・二子山親方）らと並ぶ最短記録だそうですが、地位は上がっても、学生時代とプロの世界の違いには戸惑うことが多かったです。ようやく小さなちょん髷を結えるようになった六年初場所は、横綱・曙関に初挑戦し、金星を上げることもできました。自分でも信じられないような活躍をした私に付いたニックネームは、「平成の怪物」。

六年春場所、所要七場所で関脇に昇進して、秋場所は、初日から順調に白星を重ねていました。当時、角界は若貴ブーム。大関・若ノ花関、貴ノ花関（当時）が所属する二子山部屋には、他にも大関・貴ノ浪関、幕内に貴闘力関、安芸乃島関、三杉里《みすぎさと》関といった力士がいて、層が厚い。この場所も七日目、貴闘力関、八日目、三杉里関と対戦、なんとか乗り切って十一連勝し、十二日目は全勝の貴ノ花関と対戦。ここから二連敗後、十四日目、若ノ花関、千秋楽は貴ノ浪関から白星を挙げましたが、優勝は全勝の貴ノ花関の手に――。

全勝優勝を果たした貴ノ花関は翌場所から「貴乃花」と改名し、七年初場所で横綱に昇進するのですが、「二子山部屋の壁」を越えなければ、上を望めないことを実感した場所になりました。

さて、関脇で準優勝という成績を残した私は、いきなり次期大関候補としてマークされる存在となりました。七年初場所初日、新横綱・貴乃花関から白星を挙げたものの、六日目の貴闘力関との一番で左肩を脱臼して、初めての休場に追い込まれます。以前から違和感があった箇所だったのですが、この脱臼が長引くことになるとは思いもよらなかった。

翌場所は全休。公傷制度の適用で前頭四枚目に据え置かれた夏場所は、貴乃花関、若乃花関らに勝って、十一勝。殊勲賞と敢闘賞をいただき、翌場所、関脇に復帰して、八年春場所は関脇で十二勝。翌場所も十勝を挙げて、名古屋場所で大関獲りに挑んだのですが、七勝八敗と負け越して失敗――。

私がもがいている間、所属する武蔵川部屋には、中央大学出身の出島、中高時代、父の教えを受けた明治大学出身の竹内（のち、雅山）ら有望力士が入門。竹内は幕下、十両でそれぞれ二場所連続優勝し、所要四場所で幕内力士となり、出島は十一年秋場所、大関に昇進。

後輩の快進撃が起爆剤にならないわけがありません。関脇で迎えた十二年初場所は、転機の場所となりました。同部屋の横綱・武蔵丸関が四日目から途中休場。私は三日目に曙関、十日に栃東関に敗れて二敗で後半戦を迎えました。十三日目を終えて、二敗は曙関、雅山、私の三人。入門十場所目、まだ大銀杏も結えない雅山が優勝争いに参戦したことで、場所が盛り上がり、私自身も「負けられないぞ！」という気持ちが高まっていきます。翌十四日目、曙関と雅山が敗れて単独首位に立った私は、千秋楽、ライバル・魁皇に勝って、悲願の初優勝を決めます。二十七歳。皆さんからしてみれば、ずいぶん時間がかかった優勝に感じたと思います。

十一年九州場所で十勝、この場所十三勝を挙げたことで、翌場所の「大関獲り」へのマジックは十勝（三場所で三十三勝が昇進の目安）。その春場所は、曙関を破るなどして、十二勝三敗。三十五勝で大関昇進を決めます。

「謹んでお受けいたします。大関として、常に正々堂々、相撲道に徹します」

使者を前にして述べた口上は、「（大関昇進で）今までより責任が大きくなるので、誰が見ても納得できる相撲を取りたい」という素直な気持ちを表したものです。昇進して「うれしい」というのはそれほどなくて、「これまで応援してくださった方たちに応えられた」。そんな思いだったことを覚えています。

今だから言えるのですが、じつは春場所中ずっと、腰痛に苦しめられていたんです。「大関リーチ」の場所でしたが、「この腰がなんとか十五日間持ってほしい」ということしか頭になかった。でも、後輩の出島も昇進したんだから、自分も絶対上がれる！という思いで踏ん張れた。それまでなぜ私が大関に上がれなかったのか？　というと、「大関」という地位に、意識が向いていなかったからだと思うんです。本心から、「昇進したい」という気持ちじゃなかった。出島、雅山から受けた刺激はそれほど強かったと言えるでしょう。

さて、新大関として土俵に上がるはずだった夏場所は、腰痛が悪化して全休。翌場所は、いきなり「カド番」で臨むこととなってしまいました。ようやくつかんだ大関の座。二場所連続休場して、陥落するのは絶対避けたい。名古屋場所、私は無理を押して出場に踏み切りました。

はたして体が持つのかどうか――。この不安は的中して、体は思うように動かず、四勝十一敗と惨敗。大関陥落が決まってしまいます。相撲協会の規定に、大関陥落の翌場所、関脇で十勝を挙げれば大関に復帰できるというものがあります。翌秋場所、なんとか十勝を挙げた私は、大関に復帰。ホッとしましたねぇ……。この時は、新大関に昇進した時より、うれしかったんじゃないかな？

雅山は私が昇進した翌場所、大関に昇進。武蔵川部屋は一横綱、三大関を抱える部屋として注目を浴びますが、日々の稽古は本当に厳しかった。本場所が終わると、他の部屋は一週間ほど朝稽古が休みになるのですが、場所の成績が悪いと、千秋楽の翌日から稽古という時もありました。決まった休みもなし。師匠（武蔵川親方＝元横綱・三重ノ海）が心を鬼にして、私たち弟子に厳しく接してくれたから、横綱、大関になっても慢心することなく、相撲に向き合えたのだと思っています。感謝しかないですね。

引退を決めたのは、十六年九州場所途中のことです。三十二歳。肩の古傷もあって、自分の相撲が取れなくなったことが理由です。以前から、「もう一度、大関から陥落したら辞める」と決めていましたし、前年、長年横綱を務められた武蔵丸関が引退したことも心に響きました。

私にとって大関とは、常に横綱を狙う高いレベルを求められる、重い地位だと思っています。大関にふさわしい力士になりたい、近づきたいと、引退するまで思い続けていました。

今、大関にもっとも近い力士と言えば、関脇・御嶽海（令和四年三月大関昇進）。


「大関候補」と言われて数年が経ちますが、彼を見ていると、「上がる力があるのに、もったいないなぁ」と思ってしまいます。いい相撲の時と、あっさり負ける時の差が激しいんですよね。私の経験からすれば、「なんとなく……」では大関昇進は難しい。「（大関を）獲りに行く！」その強い気持ちを持ってほしい。

フレッシュな大関の誕生に期待したいと思っています。

「小説推理」令和三年（二〇二一）十二月号、令和四年（二〇二二）一月号掲載

把瑠都凱斗《ばるとかいと》

エストニアから日本の相撲界に入って、六年。平成二十二年春場所後に、念願だった大関昇進を決めた私は、宿舎で昇進を告げる使者を待っていました。

「謹んでお受けいたします。稽古に精進して、栄誉ある地位を汚さぬよう努力いたします」

伝達式で、こう口上を述べた私。難しい日本語を並べるより、シンプルな言葉で気持ちを表現したい。師匠（尾上親方＝元小結・濱ノ嶋）と相談して決めた口上でした。

大関昇進を賭けて臨んだ春場所は、「絶対、決める！」という強い気持ちでした。と言うのも、前年秋場所から初場所までの私の成績は、昇進基準（三場所で三十三勝以上）を満たす三十三勝。ですが、すでに大関が四人（日馬富士、琴欧洲、琴光喜、魁皇）いたこともあって、昇進は叶わなかったのです。

この場所、私は初日から十連勝。十一日目は同じく全勝の横綱・白鵬関との対戦でした。すでに、魁皇関（九日目）、琴欧洲関（十日目）の大関陣を倒していたので、ここで白鵬関に勝てば、自分の手でグイッと大関を引き寄せることができたんですが、あの一番は意識したというか、考え過ぎちゃいましたね（笑）。でも、この黒星で目が覚

[プロフィール]
把瑠都凱斗。本名、カイド・ホーヴェルソン。昭和59年11月5日、エストニア・ラクヴェレ出身。平成16年夏場所、初土俵。17年秋場所、新十両昇進。18年春場所、十両優勝（全勝）。夏場所、新入幕。22年夏場所、大関昇進。24年初場所、初優勝。25年秋場所、引退。優勝1回。殊勲賞1回、敢闘賞5回、技能賞1回。198センチ、193キロ。得意は、左四つ寄り、投げ、吊り。尾上部屋。

[大関への道のり]

昭和59年	11月	エストニアで生まれる
平成16年	5月	三保ヶ関部屋に入門
17年	9月	新十両昇進
18年	5月	新入幕
22年	5月	大関昇進
24年	1月	初優勝
25年	1月	大関陥落
	9月	現役引退

めたというか、「残りは、十連勝した時の自然な気持ちでいこう！」と気持ちを切り替えられた。

それがいい方向に出て、日馬富士関、琴光喜関にも勝って、終わってみれば十四勝一敗。トータルの勝ち星も三場所で三十五勝を挙げることができたんです。昇進を一番喜んでくれたのは、女手ひとつで私を育ててくれたママでした。そして、「どんな地位になっても、周りの人を大切にしなさい」とアドバイスしてくれたのも、ママ。伝達式の後に、「明るい大関になりたい。ファンの人たちを大切にしたいです」と言ったのは、そうした思いからだったのです。

私が生まれ育ったのは、エストニアの首都・タリンから車で一時間半くらい離れているラクヴェレ。家の周りには森があって、きれいな川が流れていて、とてものどかなところです。だから、近くの川で魚を釣ったり、家で飼っている牛の世話をしたり、自然の中で育ちました。

同級生よりも、縦も横もかなり大きかったこともあって（笑）、高校一年生の時から柔道を始めました。実家近くにＳＡＫＵＲＡ道場という格闘技クラブがあって、柔道と同じ時間帯で相撲も教わりました。それで、エストニア国内やヨーロッパの相撲大会（ジュニア選手権）に出て、三位とか、まあまあの成績を収めていました。

高校卒業後は、船関係の大学に行っていたんです。でも、家計が苦しいから、夜中、ディスコのセキュリティーマンをしていて、仕事が終わるのが朝方でしょう。そこから一時間くらい仮眠して、大学に行く……という生活はさすがにキツかった。「両方やるのは無理だな」と思って、結局大学は一カ月で休学。働いてお金を貯めて、学費を払えるようになったら、また通えばいいかな？　と考えていました。

そんな頃に出場した相撲大会の時です。日大相撲部の関係者に声を掛けられたのは……。国際相撲連盟（アマチュア相撲）の審判を務めている倉園《くらぞの》一雄先生ご夫妻には、特に熱心に説明を受けました。「この人たちは、真剣に相撲向き合っている」直感でそう思い、日本行きを決めたんです。

日本の大相撲は、ユーロスポーツとかで見たことがあって、「プロの相撲取りになる」自覚はありました。十六年二月に日本に来て、日大相撲部に預けられて、（尾上親方の内弟子として）五月に、（元大関・増位山の）三保ヶ関部屋に入門。夏場所で初土俵を踏みました。

カルチャーショックは大きかったです。大きな飛行機に乗ったことがなかったし、東京の道は狭い。会話もできないし、当時の三保ヶ関部屋の決まりとして、若い衆は携帯電話を持っちゃいけない、というのもありました。エストニア時代は普通にネットを使えたし、Wi-Fiもあったのに……。当時、流行していたネットカフェも行っちゃいけないと言われてましたしね（笑）。でも、「関取（十両以上）になれば、クリアになる」と聞いて、朝稽古のほかに、夜八時くらいから、一人で土俵で四股などの基本運動をしていました。「早く強くなりたい！」その一心からです。

初土俵の翌場所（名古屋場所）、序ノ口優勝、秋場所で序二段優勝を飾って、番付は上がっていきました。幕下を三場所で卒業して、十七年秋場所で新十両に昇進した時は、うれしかったなぁ。大部屋から個室に移って、新しいパソコンも買って、故郷の家族ともテレビ電話で話せるようになって、少しずつ生活環境が整ってきたのはよかったです。

新十両の場所で十二勝三敗と大勝ちした私は、翌場所の番付を十両四枚目まで上げました。ここで好成績を残せば、新入幕を狙える地位です。やる気満々だったのに……。九州場所初日の朝に、急にお腹が痛くなって病院に駆け込むと、急性虫垂炎と診断されてしまったのです。当然、相撲を取ることはできず、初日は不戦敗。入院、即手術になり、その場所を全休したことから、十八年初場所は幕下に舞い戻ってしまいました。

「十両に復帰したい」。その強い気持ちとは裏腹に、手術時の麻酔の後遺症で思うように体を使えない自分がいました。それでもなんとか六勝一敗。その場所、幕下には、私を含めて六勝一敗の力士が七人いたため、優勝決定戦に突入。勝ち上がった私は、幕下優勝と再十両を確実にしたのです。

「よっしゃ、やるぞ〜！」

こうして迎えた翌春場所は、初日、鶴竜（のち横綱）戦から、絶好調。そして、中日に、ベテラン・玉力道《たまりきどう》関（現・松ヶ根《まつね》親方）を破って、ストレートの勝ち越しを決めます。相撲を取れること自体が、本当にうれしかったですね。その後も、私の勢いは止まりませんでした。十日目、豊真将《ほうましょう》（のち小結、現・立田川親方）、十一日目には霜鳥《しもとり》関（のち霜鳳《しもとり》＝小結）を撃破して、十両の優勝争いの単独トップを維持します。十四戦全勝で迎えた千秋楽は、関脇経験のある実力者・隆乃若《たかのわか》関との対戦が組まれました。

「全勝」は意識しないようにしていました。イヤ、周りに言われてちょっと意識したかな（笑）？　相撲は隆乃若関を組み止め、上手投げで勝って全勝優勝。十両での全勝優勝は、昭和三十八年九州場所の北の富士関（現解説者・北の富士勝昭氏）以来、四十三年ぶりだったそうです。

花道を引き上げる時、私はうれしさを抑えられず、思わず右手でガッツポーズを作ったんですね。今、振り返れば、行動が若かった……。大相撲の世界では、すべての思いは自分の心の内に秘めるものだということは、まだ知らなかったんです。

新入幕の夏場所、序盤戦は少し緊張もあったのでしょう。四日目までは、二勝二敗という成績でした。ところが、その後九連勝。最終盤の十四日目は、一敗で優勝争いをしている元大関の雅山関（当時、関脇）との対戦が組まれました。

この頃は「恐いモノ知らず」というか、思い切って相撲を取れていたことを覚えています。雅山関戦、結果はもちろん黒星でしたけど、千秋楽はやはり優勝争いをしている、大関・白鵬関（当時）との対戦となりました。

「エッ？　私は新入幕ですよ！」

って思いましたけど（笑）、新入幕で優勝争いをしている二力士と対戦できたということは、すばらしい経験だったと思います。

私はこの場所、十一勝四敗で敢闘賞を受賞。場所後、世界ジュニア相撲選手権大会が、地元・ラクヴェレでおこなわれたこともあって、久しぶりに里帰りすることもできました。この時、ジュニア日本代表として大会に出場したのが、当時高校生だった、石浦、常幸龍《じょうこうりゅう》らです。後に幕内力士として活躍した日本選手たちの相撲の巧さ、強さは際立っていましたね。

八月には、師匠（尾上親方＝元小結・濱ノ嶋）の独立に伴い、三保ヶ関部屋から尾上部屋へ移籍。新しい部屋、新しい環境で、新しい力士生活が始まったのですが……。九月の秋場所、私は雅山関との取組で、左ヒザを痛めてしまい、途中休場。思えば、これが私が膝痛に苦しむキッカケとなってしまいました。翌年初場所、同じ箇所を負傷した私は途中休場、続く春場所も休場となり、十両に陥落。夏場所は二度目の十両優勝を遂げましたが、再入幕の名古屋場所で、またもやヒザを負傷し休場。翌秋場所で三度目の十両優勝を経て、再々入幕を果たした九州場所から、ようやくヒザも回復し、幕内に定着することとなります。

そして、二十二年春場所後、念願の大関昇進を決めた私が一番ほしかったタイトルは、幕内最高優勝でした。当時は、横綱・白鵬関が一人横綱として土俵を引っ張っていました。大関には、ベテラン・魁皇関（二十三年名古屋場所引退）、日馬富士関、琴光喜関、琴欧洲関がいて、その後、稀勢の里関、琴奨菊関、鶴竜関も大関に昇進するなど、上位陣が大勢いたんです。その中で優勝するのは、なかなか厳しかった。

チャンスが巡ってきたのは、二十四年初場所です。私は、初日の雅山関との相撲から、十三連勝。十三日目に、白鵬関が敗れたことで、私の優勝が決定しました。千秋楽、白鵬関に敗れて、全勝優勝とはならなかったのですが、十四勝一敗で優勝することができました。千秋楽は、エストニアから母が祝福に駆け付けてくれました。この場所の十五日間ほど、長く感じたことはなかったですね。相撲界に入ってからの出来事を思い出したら、自然と涙が込み上げてきました。

「お母さん、産んでくれてありがとう！」

優勝インタビューで、私が思わず口にしたことばです。母国にいた頃から、心配をかけてばかりの私を、いつもやさしく見守ってくれた母。この優勝は、私を産んでくれた母と、若い頃から支えてくれた妻・エレナに捧げたいという思いでした。

この優勝で、翌場所は「綱取り」がかかることになりました。プレッシャーはたしかにあったと思います。十三日目で十勝を挙げたものの、十四日目、稀勢の里関、千秋楽、白鵬関に連敗。綱取りは、振り出しに戻ってしまいました。

忘れられないのは、この年秋場所初日の出来事です。初日、平幕・魁聖と対戦した私は、土俵際でもつれ、私が土俵を割ったとの判断で、行司さんの軍配は魁聖に上がりました。私には、魁聖の手が先に付いていたのがハッキリ見えていました。もちろん、私の体勢も悪かったかもしれませんが、物言いが付かないまま、魁聖の勝ちになってしまったのです。

この取組は、正直、納得できなかったですね。ものすごく落ち込みました。それでも、翌日の碧山《あおいやま》戦では勝って、気持ちは上向いてきたのですが、三日目の臥牙丸《ががまる》戦で右足の親指を剝離骨折して、途中休場。私は、翌九州場所、初めてのカド番で臨むことになってしまいました。

その九州場所、初日、因縁の魁聖に快勝したのですが、二日目の松鳳山《しょうほうざん》戦で太モモの肉離れを起こします。取組後は普通に歩いて帰ったんですが、夜になって、強烈な痛みと腫れに襲われ、翌日からの出場を断念しました。大関からの陥落が決まり、翌二十五年初場所、春場所は関脇で勝ち越し。夏場所は六日目まで三勝三敗。そうして迎えた七日目の対戦相手は、大関・稀勢の里関でした。

この一戦で、左ヒザの靭帯を断裂してしまった私。

「これで、終わったな……」

相撲は、体と気持ちが一体にならないと取れないものです。それが、プツリと切れてしまった——。まさに、そんな瞬間でした。

翌場所は全休。秋場所は、番付が十両まで下がることになってしまい、私は引退を表明しました。優勝した一年半前の印象が、強かったこともあるのでしょう。力士仲間、ファンの皆さんからも、「まだ、やれるんじゃないか?」「引退するなんて、もったいない」などと言う声もいただきましたが、自分なりには「精一杯相撲を取った」、そういう思いだったんですよ。

大関で引退すると、現役名のまま三年間親方として、相撲協会に残れるという規定があります。ブルガリア出身の琴欧洲関は、引退時に帰化していたため、後にその制度を活用しましたが（現在は年寄・鳴戸を襲名）、私はエストニア国籍のままでしたので、親方になる資格はありませんでした。

また、ある程度の地位まで行った力士がおこなう引退相撲（断髪式）も、所属部屋の協力が得られませんでした。急に引退を決めたということもあったでしょう。今だから言えますが、「自分の好きにやってください」という感じだったんです。私は後援会組織に頼らず、一般公開型という形式で、翌年二月、両国国技館の土俵で髷を切りました。

早く次の道に進みたかったですね。母の希望もあって、引退後はエストニアに戻り、ペンション経営などの事業をしていました。そして二十八年、知人の紹介で、日本の芸能事務所に所属して、タレント活動をスタートします。旅番組のリポーターの仕事は楽しかったし、俳優としてＮＨＫのドラマにも出たんです。『弟の夫』（原作・田亀源五郎＝双葉社刊）というドラマで、カナダ人青年役を演じたんですが、じつは演技の勉強はやったことがないんですよ（笑）。

いろいろな経験をさせていただいて、三十一年からは、母国で議員として活動しています。令和二年には、来日して小泉進次郎環境相（当時）と会談をしましたが、コロナ禍の影響で、日本とエストニアを自由に行き来できないのが残念ですね。

そして、少年時代に、柔道、相撲を学んだ「SAKURA道場」は、「バルト道場」となり、今、私が相撲の指導をしています。「第二の把瑠都」が大相撲で活躍する日を願っています。


「小説推理」令和四年（二〇二二）四、五月号掲載

御嶽海久司《みたけうみひさし》

令和三年十二月二十五日、僕は二十九回目の誕生日を迎えました。

力士になって八年目。ここ数年は三役に定着していたものの、「大関取り」のチャンスを何度か逃している自分がいました。応援してくれる人たちのために、そして自分自身のために……。

「二十九歳中に、大関になる！」

こう誓いを立てたのです。

三年九州場所は、関脇で十一勝。大関昇進には三場所で三十三勝以上の勝ち星が必要なので（秋場所は九勝）、当初、四年初場所は「大関への足固め」の場所にしようと考えていました。

ところが、場所前、伊勢ヶ濱審判部長（元横綱・旭富士）が、「御嶽海が全勝優勝すれば、大関昇進もありえる」というような発言をされたんですね。

「エッ？　なんで全勝なの？　大関昇進は三十三勝（今場所十三勝）でしょう？　ずいぶんハードル上がったなぁ……」

ここからです。僕の心に火がついたのは……。

全勝で迎えた十日目は、学生時代からのライバル・北勝富士に敗戦。そして十二日目は若手の阿武咲にも負けてしまって、二敗。どちらの相撲も情けない相撲でした。

[プロフィール]
御嶽海久司。本名、大道久司。平成4年12月25日、長野県木曽郡上松町出身。東洋大から、27年春場所、初土俵。同年名古屋場所、新十両昇進、九州場所、新入幕。30年名古屋場所、初優勝、令和元年秋場所、2度目の優勝。4年初場所、3度目の優勝、場所後大関昇進。優勝3回、殊勲賞6回、敢闘賞1回、技能賞3回。金星2個。180センチ、174キロ。得意は、押し。出羽海部屋。

[大関への道のり]

平成 4年	12月	フィリピンで生まれる
27年	3月	出羽海部屋に入門
	7月	新十両昇進
	11月	新入幕
30年	7月	初優勝
令和元年	9月	2度目の優勝
4年	1月	3度目の優勝、大関昇進
	11月	大関陥落

でも、「熱戦」で負けたわけじゃないのが、逆によかった。気持ちを切り替えられました。

優勝を意識したのは、十四日目、横綱・照ノ富士関が阿炎《あび》に敗れて、三敗に後退。僕が単独トップになった時です。そして、千秋楽の結びの一番では、照ノ富士関を寄り切って、十三勝二敗で三度目の優勝を決めることができました。

場所前、「大関獲り」を煽るムードがなかったことも、僕にとってよかったのかもしれません。優勝と同時に、「大関昇進確実」という知らせを受けたのです。

三日後の大関昇進伝達式は、緊張しましたねぇ。

「大関の座を汚さぬよう、感謝の気持ちを大切にし、自分の持ち味を生かし、相撲道に邁進してまいります」

口上は自分で考えました。母校（長野県木曽町立福島中）の恩師から言われ続けていたのが、「感謝の気持ちを忘れないで相撲を取りなさい」という言葉。また、同じ出羽海部屋の立行司・二十八代木村庄之助さんの「自分の持ち味をいかせよ」という言葉。これは、母校にある石碑に刻まれている言葉でもあるんです。これらを取り入れたかったんですよね。

その後おこなわれた記者会見で、「どういう大関になりたいですか？」と問われた時、僕は「土俵を下りたら、フランクな大関になりたい」と答えました。

本来なら、大関は近寄り難い存在であるべきなのでしょうが、僕の性格上、ちょっと無理というか……（笑）。土俵上で人一倍の気迫で戦うことはもちろんですが、それ以外では今までどおりの自分でいようと思っているんです。

僕が生まれたのは、フィリピンの首都・マニラに近いブラカンという州です。四歳までしかいなかったので、記憶が曖昧な部分もありますが、お母さん（マルガリータさん）、おばあちゃん、おじさん、おばさん、従兄弟たちと十二、三人で住んでいました。毎日、ワイワイ楽しかったなぁ。

家の横には田んぼがあって、遊びと言えば、ストリートバスケをしたり、近所の子どもたちと縄跳びや鬼ごっこをしたり、町のみんなで遊んでいるという感じでした。だから、四歳になって、日本の長野県に行くことになった時は、寂しかったですね。

中学生の頃までは、毎年お母さんと一緒にフィリピンに里帰りしていました。

日本に来てビックリしたのは、近所の子どもたちが外で遊ばないこと。家の中でゲームばっかりしていて、フィリピンみたいに「みんなで遊ぶ」というのがないんです。すごく寂しかった。

そんな僕を見て、山や川に連れ出してくれたのが、親父でした。渓流釣りを習ったり、自然の中で育った僕は、体も大きくなりました。周囲の勧めもあって、初めて相撲を取ったのは、小学一年生の時。ところが、出場した相撲大会で、自分より体が小さい子に負けてしまったんです。悔しかった！　それで、その後、地元の木曽少年相撲クラブに入って、本格的に相撲を学んだんです。

小学五年生の時には、全国大会で準優勝。中学三年生でも、全国大会でベスト八という成績を収めることができました。

その頃からのライバルが、北勝富士、翔猿（ともに現・幕内）たちです。平成四年度生まれの僕たちは、土俵を離れれば、大の仲良し。以前は地方巡業などで一緒に行動していましたが、ここ二年ほどは巡業が休止されていて、寂しい限りです。

木曽青峰《せいほう》高校を卒業する頃、相撲部屋からの勧誘を受けたことがあります。実際、部屋見学などにも行きましたが、「プロの世界は厳しい。自分には合わない」と感じ、大学進学を決めました。

東京の東洋大学での学生生活は楽しかったです。相撲部員は寮生活で、もちろん練習は厳しいのですが、大勢で過ごすことが好きな僕には合っていたようです。

相撲に打ち込める生活の中で、力も付いてきて、二年生の時は、全日本相撲選手権で準決勝に進出。その時の対戦相手は、日大の遠藤選手。今の幕内・遠藤関ですが、僕は敗れて三位。遠藤関の相撲の巧さにやられちゃいました。

大学四年の年は、十一月の全日本学生相撲選手権（インカレ）で優勝、十二月の全日本相撲選手権でも優勝し、有終の美を飾ることができました。

アマチュア相撲の世界で、この二つのタイトルは大きな意味があります。大相撲入りの際、幕下十枚目格付け出しという特別な資格を得られるので、とても有利なのです。

ただ、先ほどふれたように、僕にとって大相撲は「厳しい世界」。規則も多そうだし、大ケガでもしてしまったら、相撲人生は終わってしまう……。そう考えた僕は、和歌山県庁に就職して、仕事をしながらアマチュア選手として相撲を続けていく道を選びました。実際、公務員試験に合格して、内定もいただいたんです。

ところが、最後の最後で二つのビッグタイトルを獲ったことで、僕の気持ちが揺れはじめていました。二年前、同じ資格を得て入門した遠藤関はアッという間に人気力士になっていましたしね。

そんな時です。出羽海親方（元前頭・小城ノ花）から、

「出羽海部屋を再興するために、力を貸してくれないだろうか？」

というお話をいただいたのは……。

「このチャンスに賭けてみよう！」という気持ちが強くなった僕は、就職から一転、出羽海部屋入門を決めたのでした。

平成二十七年春場所、初土俵を踏んだ僕の番付は、幕下十枚目格付け出し。二つのタイトルを取ったため、他の新弟子よりかなり恵まれた地位からのスタートとなりました。

僕には意地がありました。就職を辞退してしまったために、いろいろな人に迷惑をかけてしまった。だから、プロの世界に進むと決めた限り、絶対に結果を出さなければならない。言ってみれば、プレッシャーの中での船出だったんです。

四股名は、「御嶽海」。地元、長野県上松《あげまつ》町からのぞむ御嶽山と、出羽海部屋の「海」の字を合わせたものです。

デビュー場所、六勝一敗の成績だった僕は、翌夏場所、幕下三枚目まで番付を上げます。この場所の一番相撲は、学生時代から何度も戦った一学年上の正代（現・大関）戦でした。この相撲は負けてしまいましたが、大相撲の力士として次第にリズムを掴めていたこともあって、六勝一敗。この成績を受けて、場所後、僕の新十両昇進が決定しました。

周囲の人たちの期待に応えられて、ホッとしましたね。そして、新十両の名古屋場所では、十一勝四敗で優勝。翌場所も十二勝を挙げて、十両を二場所で通過。九州場所では、幕内力士になることができました。

この時点で、大銀杏はまだ結うことはできませんでした。さらに、幕内の土俵で戦うことは、想像を超えていました。初めて幕内上位（前頭筆頭）に上がった、二十八年名古屋場所では、三横綱（白鵬、鶴竜、日馬富士）との対戦があり、結果的に五勝（十敗）で終わり、跳ね返される形に……。奮起した僕は、二場所後の九州場所で新三役（小結）に昇進したのですが、この昇進を長野の皆さんがとても喜んでくれたのは、うれしかったですね。

これまで長野県出身の力士はあまり多いとは言えず、幕内力士が誕生したのも久しぶりのこと。ましてや、三役力士となると、昭和七年（一九三二）春場所の高登《たかのぼり》関以来、八十四年ぶりとのことですから、珍しさも相まって、期待を寄せてくださったのだと思います。

新小結の場所は、負け越したものの、その後は八場所連続して、三役を守ったこともあり、「大関候補」と呼ばれるようになりました。

ですが、大関昇進に必要な二ケタ（十勝）には届かなかった。平成三十年名古屋場所を前に、僕は秘かに燃えていました。

名古屋は地元・長野から比較的近く、応援してくださる方が多い土地。蒸し暑い七月中の開催ということもあって、体調を崩す力士が多い中、フィリピン生まれの僕はこうした気候が不得意ではありません。

初日、阿炎戦に勝利した後、破竹の十一連勝。十二日目の高安戦こそ敗れてしまいましたが、十三日目に大関・豪栄道関、十四日目に実力者・栃煌山関に勝って、十四日目にして、僕の初優勝が決まったのです。

自分でも信じられない優勝でした。長野から駆けつけた母（マルガリータさん）や、応援団の皆さんも感激してくださって、館内のマス席で喜んでいるシーンがテレビに何度も映ったようです。それ以来、僕の母はすっかり有名人になり、ファンの方たちから写真撮影やサインを求められるようになったんですよ（笑）。今でも僕より人気があると思います。

大関獲り待ったなし！　となったわけですが、九州場所で負け越してしまったことで、大関獲りは振り出しに……。しかも、三十一年初場所は、ヒザの負傷で途中休場。休場中、治療に専念した結果、十一日目から再出場して、横綱・白鵬関に勝ったことは、とても自信になりました。

こうして迎えた秋場所。この場所の話題は、大関から関脇に陥落した貴景勝の復活なるか——というものでした。二日目から白鵬関が休場、鶴竜関も八日目から休場という状況になり、関脇以下の力士たちが「今場所の優勝はオレだ！」みたいな気持ちになってきていました。

九日目を終えた時点で、一敗に平幕二人、二敗で貴景勝、朝乃山、僕が続くという混戦でしたが、十一日目に負けた僕は三敗に後退。けれども、十三日目、二敗の貴景勝が敗れ、三敗に貴景勝、隠岐の海関、剣翔《つるぎしょう》関、僕の四人が並ぶ展開になったのです。

チャンスが到来しました。

千秋楽は、貴景勝と隠岐の海関が対戦し、貴景勝が勝利。僕は学生時代からのライバルであり、目標にしてきた遠藤関との対戦を制して、優勝の行方は決定戦へと持ち込まれたのです。

じつは、貴景勝には八日目に負けています。同じ相手に二度負けるわけにはいかない。絶対勝つ！ その気持ちで臨んだ決定戦は、自分の思い描いていたとおりの相撲が取れました。会心の相撲と言ってもいいでしょうね。

二度目の優勝は、一度目の優勝とは違うものでした。初優勝は、ほとんどまぐれ(笑)。でも、二度目は、とにかく「二ケタ勝つ」という目標を達成して、そこにプラスアルファできた、本当の意味の優勝だったと思います。

自分でも納得できた優勝だったのですが、それから二年以上も、三役でくすぶり続けたというのは、僕の努力不足です。

ですが、令和四年初場所で三度目の優勝を果たして、念願の大関昇進を決めることができました。

「長い間、お待たせしてすみません」

こういう気持ちでしたね。

ところが、大関昇進が決まった八日後に、新型コロナウィルス感染が判明し、二月いっぱいは稽古の再開が難しいことになってしまいました。こうして迎えた春場所は、ぶっつけ本番のようなところもありましたが、コロナ禍の今は、多くの力士がこのような状況下にあり、条件的には一緒だと思っていました。

これまで、新大関で好成績を残す力士は少ないと言われていました。たぶん、それは大関の座という見えない緊張感があるからだと思います。ところが、僕の場合、大関になるまでが四年余りと長かったこともあり、逆に「大関って楽しいな!」と思いながら、相撲を取れました。なんか、昇進のプレッシャーから解放されて、土俵の隅まで見えた感じがしました。

僕にとって、大関とは、子どもの頃からの「最終目標」だったんです。だけど、今は違います。大関の上には、「横綱」という地位がある。大関にならないと横綱にはなれないわけで、現役力士として、「上」を目指すのは、自然なことだと思っています。今まで、ボヤーッとしてきたものが見えてきた。そんな感じでしょうか？

四月には、コロナ禍で訪問できなかった、地元・長野に帰り、県民栄誉賞をいただいてきました。相撲で貢献できて、本当にうれしいことですが、母の手料理を食べる時間もなく、半日で帰京となったのは残念でした。

いずれにせよ、大関という地位は長くいるものではない。僕は今年三十歳。勝負の年にしたいですね。

「小説推理」令和四年（二〇二二）六、七月号掲載

栃《とち》ノ心《しんつよし》剛史

平成三十年初場所、三十歳を迎えた前頭三枚目の私は、久しぶりに好調なスタートを切っていました。

初日、前頭・正代を寄り切りで破り、その後、大関・高安、豪栄道関を連覇。六日

栃ノ心
東京春日野会

目には「売り出し中」の小結・貴景勝を寄り切って、六連勝。七日目は、横綱・鶴竜関に敗れてしまいますが、自分でも「波に乗っているな……」という感覚がありました。

じつは、私にはヒザの持病がありました。二十五年から苦しめられていた持病は、一時回復していましたが、二十九年に入り、悪化。十月は秋巡業を休場して、ヒザに溜まっていた水を抜く治療をしたのですが、稽古はできないまま、九州場所を強行出場。

その場所はなんとか勝ち越した（九勝）のですが、不安を抱えながら、場所後の巡業に参加しました。この巡業から、私の師匠・春日野親方（元関脇・栃乃和歌《とちのわか》）が貴乃花親方（元横綱・貴乃花）に代わって、巡業部長に就任。「自分を甘やかすな！」と、帯同する師匠から叱咤激励されたこともあって、私は若い力士に連日胸を出すなど、稽古に励んだのです。

[プロフィール]
栃ノ心剛史。本名、レヴァン・ゴルガゼ。昭和62年10月13日、ジョージア（旧呼称グルジア）・ムツケタ出身。平成18年春場所、初土俵。20年初場所、新十両昇進。夏場所、新入幕。30年初場所、初優勝。名古屋場所、大関昇進。優勝1回。殊勲賞2回、敢闘賞6回、技能賞3回。金星2個。191センチ、177キロ。得意は、右四つ、寄り、上手投げ。春日野部屋。

[大関への道のり]

昭和62年	10月	ジョージアで生まれる
平成18年	3月	春日野部屋に入門
20年	1月	新十両昇進（優勝）
	5月	新入幕
30年	1月	初優勝
	7月	大関昇進
令和元年	5月	大関陥落
	7月	大関復帰
	11月	大関陥落

巡業から帰京後、ヒザの状況は一進一退という感じでした。不安感は変わらなかったのですが、年が明けて、初場所が始まる少し前から、ヒザの動きがよくなってきたのです。

そして初日から六連勝。気持ちの問題もあるのでしょうか？　白星が重なると、ヒザの痛みなどはあまり気にならなくなるものですね（笑）。

七日目は、横綱・鶴竜関に負けてしまいましたが、九日目には百七十キロを超える、関脇・御嶽海につり出しで勝って、十一日目は苦手意識がある、宝富士関との対戦となりました。後から振り返ると、この相撲が大きかった。一学年上の宝富士関は、見た目からはわかりづらいのですが、体が柔らかくて相撲が巧いんです。

ようやく四つに組み止めて攻めていったものの、土俵際、きわどい相撲で物言いが付く展開に――。

軍配どおり、私の勝利が決まった時は、ホッとしましたね。するとその翌日、結びの一番で鶴竜関が敗れて二敗となり、十二日目にして私が優勝戦線のトップに立ったのです。

正直なところ、「優勝」を意識したのは、この日くらいからだったと思います。鶴竜関の勝敗は意識せず、自分を信じて「一日一番」、相撲を取り切るしかありません。

一敗のまま迎えた十四日目の松鳳山関との一番は、優勝決定がかかる相撲となりました。

人生初の経験で、十四日目は朝から緊張しっぱなし。国技館内の支度部屋に入って準備運動をすると、ようやく平常心に戻れました。大一番を前に、師匠に言われたのは、「(松鳳山を)突っ張ってから、つかまえろ」ということ。あえて、最初から自分の得意の四つ相撲に持ち込まないことが大事。このアドバイスは大きかったです。

結果、寄り切りで勝利。夢にまで見た初優勝を手に入れることができました。

千秋楽の遠藤戦は、「優勝を決めた翌日だから、気合いが入っていない」などと言われないように、いつもより「勝ち」にこだわる相撲を取ったつもりです。

「親方、おかみさん、春日野部屋のみなさん、日本のみなさん、私の国のみなさん、応援ありがとうございました!」

優勝インタビューでこう話した私。日本にやってきて十二年。こんな日が来るとは思わなかった。

この優勝がキッカケとなって、私は大関の座を目指すことになるのです。

ジョージア(旧呼称グルジア以下同)の首都、トビリシからそう遠くないムツケタという小さな町が私の故郷です。私が生まれた時(一九八七年)は旧ソ連の統治下にあって、日本人にはあまり馴染みがない土地かもしれません。

祖父の影響で柔道を始め、体が大きいこともあって、十二歳からは本格的に取り組むようになりました。柔道と一緒に習っていたのが、サンボ。ヨーロッパジュニアサンボ選手権に出場した私の姿を見てくださっていた人の推薦もあって、十七歳の時、日本でおこなわれた世界ジュニア相撲選手権に出ることになったのです。

それまで、相撲というスポーツはほぼ知らなかったのですが、「グルジア代表」として日本に行けるというのは、当時の私にとって魅力的なことでした。この大会で、私は個人戦三位となり、団体戦で準優勝（優勝は日本）という成績を残したのは、自分でも驚きでした。

ですが、少年時代からの私の夢は、柔道でオリンピックに出ること。相撲で身を立てようという気持ちはこれっぽっちもなかったんです。

当時、ジョージア出身初の関取として、脚光を浴びていたのが黒海《こっかい》関です。対面した黒海関に言われたのは、「努力すれば、相撲の世界で生活できるかもしれない」ということです。

相撲か……。私が結果を残したのは、あくまでアマチュアの相撲。プロの集団、「大相撲」とは違う世界だということは、理解していませんでした。それでも、黒海関のひと言がキッカケとなり、プロの力士になる決意をした私は、来日。三カ月の研修期間を経て、大相撲・春日野部屋に入門したのは、十八年三月のことでした。

言葉や習慣などの研修を受けたとは言え、実際の相撲部屋での生活は厳しかったです。入門してわかったのですが、同じ外国人力士でも、モンゴル人は横綱・朝青龍関、大関・白鵬関など三十人くらいいて、独自のネットワークがある。さらに、そもそも日本在住のジョージア人自体が少なくて、力士は私を含めて三人のみ。お金もないし、携帯電話もないから、戸惑うことばかり……。

師匠は「外国人力士」として受け入れた私に対して、あえて厳しく接していたのだと思います。日本に来た以上、早く結果を残さなければならないことは、私自身、よくわかっていたので、とにかく稽古をするしかない。序ノ口力士となった夏場所は、五勝二敗。秋場所は序二段で全勝して、翌年初場所には幕下まで番付を上げましたが、その後一年間は、幕下の土俵での修業となりました。

東幕下筆頭で迎えた十九年九州場所は、五勝二敗。ジョージア人では二人目の新十両昇進を決めることができました。力士は関取（十両以上）になるまで、給料が出ないことを知ったのは、入門してしばらく経った頃でしたから、十両昇進は本当にうれしかった。

「これで、ジョージアの両親に親孝行ができる！」

そう思うと、これまでのモヤモヤが吹き飛びましたね。新十両で迎えた二十年初場所は、勢いに乗って十二勝三敗で十両優勝。翌春場所も勝ち越して、二場所で十両を卒業します。

二十年夏場所、やっとつかんだ幕内の座でしたが、周りの力士たちは相撲がうまく、なかなか大勝ちできなかった。三役に上がった（小結）のは、二年後の二十二年名古屋場所のこと。その後は、前頭上位から三役の地位で相撲を取れるようになりました。

ところが、そんな私を悪夢が襲います。二十五年名古屋場所五日目、徳勝龍関との一番で、右ヒザの大ケガを負い、翌日から休場を余儀なくされたのです。思い返してみれば、この頃の私は、慢心していたのかもしれません。相撲に集中していれば、こんなことは起きなかったかもしれない……などと嘆いても、後のまつり。翌場所から三場所連続休場した結果、土俵復帰した二十六年春場所では、幕下五十五枚目まで番付が落ちていました。

この間、「相撲を辞めよう」と考えたことは、一度や二度ではありません。不安でたまらなかったです。こうした私の気持ちを師匠（春日野親方＝元関脇・栃乃和歌）はわかってくださっていたのでしょう。

「バカヤロー！　あと十年相撲を取らなきゃ、ダメだ！」

と、厳しい言葉をかけてくださったのです。もちろん、私が憎くて言っている言葉ではありません。「まだ、やれるぞ！」という師匠なりの愛情でした。この言葉を胸にリハビリに励んだ私は、復帰の場所で幕下優勝（七戦全勝）。翌場所も全勝優勝して、関取（十両）に復帰。さらに、十両でも二場所連続優勝を果たして、九州場所で幕内に復帰。十一勝を挙げて、四度目の敢闘賞をいただくことができました。

以来、安定した成績を残せるようになったのですが、二十九年秋場所頃から再びヒザが悪化。不安な気持ちで臨んだ三十年初場所は、不思議と体が動き、なんと幕内最高優勝を遂げたのには、自分でも驚きましたね。

初優勝したことで、これまで考えたこともなかった「大関」の座が現実的なものになってきました。「大関取り」を、日々注目されながらの春場所は、十勝。大関昇進のためには、三場所で三十三勝以上の勝ち星が必要とされていますが、二場所で二十四勝の私は、九勝以上で「当確」になる……。そういう「計算」よりも、すでに三十歳になっていた私が考えていたのは、「無欲で行こう」ということでした。

それが功を奏したのかはわからないのですが（笑）、初日から十二連勝。十三勝二敗という好成績を挙げることができて、大関昇進が決まったのです。